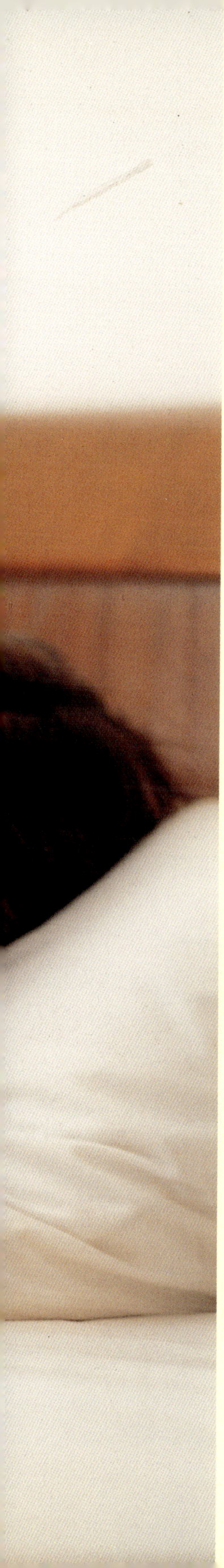

Calmer et détendre son bébé

Le Courrier du Livre
21, rue de Seine
75006 PARIS

Titre original : *Soothe your baby – The natural way*

ISBN : 2-7029-0573-0

www.tredaniel-courrier.com
info@guytredaniel.fr

Traduit de l'anglais par : Clothilde Lemoël et Yves Feugeas

Avertissement

Ce livre ne saurait se substituter à un conseil médical. Le lecteur devra consulter un médecin dans tous les domaines relatifs à la santé. Ce livre présente une sélection de techniques de soins complémentaires particulièrement adaptés aux bébés. Cependant, on doit noter que dans les cas de maladie, d'accidents ou autres urgences, la première et seule ligne de conduite est de chercher de l'aide ou des secours auprès du médecin de famille. Même si les conseils et l'information sont précis et avérés lors de la mise sous presse, ni l'auteur ni l'éditeur ne peuvent accepter la responsabilité légale pour les erreurs ou omissions qui pourraient être commises.

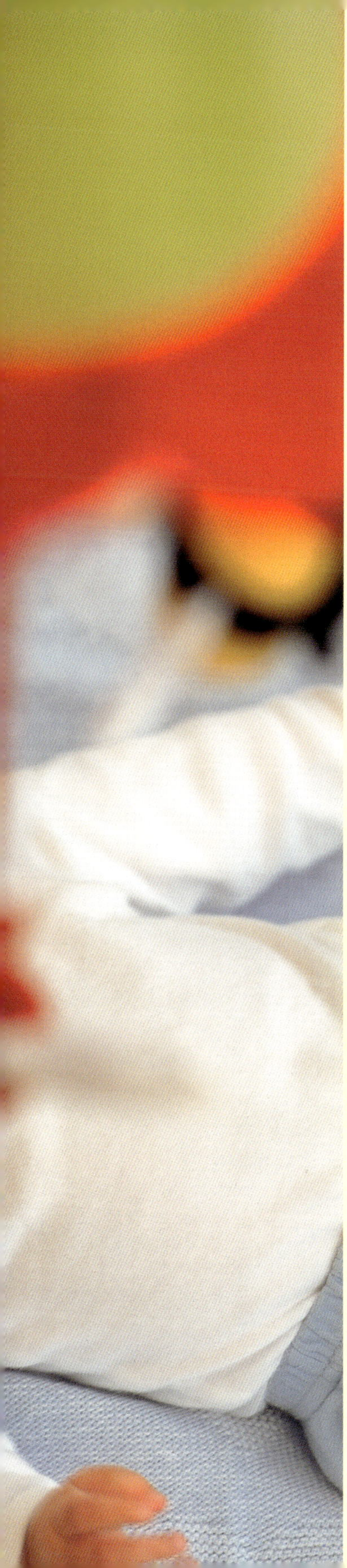

Sommaire

Introduction

Même si cela prend une grande partie de votre temps, avoir un bébé est une expérience étonnante. En raison des nombreux changements qui concernent la maison, votre style de vie et votre entourage, vous allez découvrir des techniques efficaces qui vous permettront de prendre soin de votre famille, d'être en bonne santé mais aussi d'avoir un bébé heureux et satisfait.

Plus vous serez en contact avec votre bébé, plus forts seront vos liens. N'ayez pas peur de tenir votre bébé. Demandez de l'aide sur la manière de le faire si vous avez peur d'être maladroit.

Cet ouvrage vous montrera comment prendre soin de votre enfant de façon naturelle, afin qu'il se développe harmonieusement, dans un environnement sain aussi bien pour vous que pour la planète.

Calmer et détendre son bébé est rempli d'idées efficaces qui permettent de rendre plus agréable la vie de famille. Grâce à une étude réaliste de ce qui peut se passer dans votre entourage, nous espérons que ce livre sera un bon guide riche d'idées et de suggestions pour vous et votre compagnon. Il vous indiquera aussi tout ce que vous devez savoir pour prendre soin au mieux de votre bébé, que ce soit en ce qui concerne l'alimentation, les couches jetables, l'emmaillotement, le bain, le sommeil, les pleurs ou les maladies éventuelles.

Les remèdes naturels

Ce livre présente des suggestions qui vous permettront de faire face aux nombreux problèmes courants qui peuvent surgir lors des premières années de la vie d'un enfant. Vous trouverez une grande richesse d'informations sur les médecines douces telles que la réflexologie, l'homéopathie et la phytothérapie. Cela vous sera bénéfique mutuellement. Vous serez également guidée sur la façon de masser votre bébé. C'est l'une des meilleures choses que vous puissiez faire avec votre enfant. Cela favorise non seulement sa santé et son développement, mais permet de créer un attachement profond, affectueux et durable entre vous et lui.

Le changement positif

Personne ne peut jamais mesurer l'ampleur des changements qui s'opèrent une fois que vous vous investissez dans votre rôle de parent. D'une certaine manière vous naissez en même temps que votre enfant. Un nouveau monde s'ouvre à vous, rempli de merveilles, d'étonnement et d'amour. Mais cela implique aussi des responsabilités, de la résistance mentale et physique. Ces changements sont parfois très importants et peuvent provoquer en vous des idées noires. Ce livre vous aiguïlle sur la façon dont vous pouvez faire face à ces sentiments, mais aussi comment vous pouvez utiliser des thérapies bien

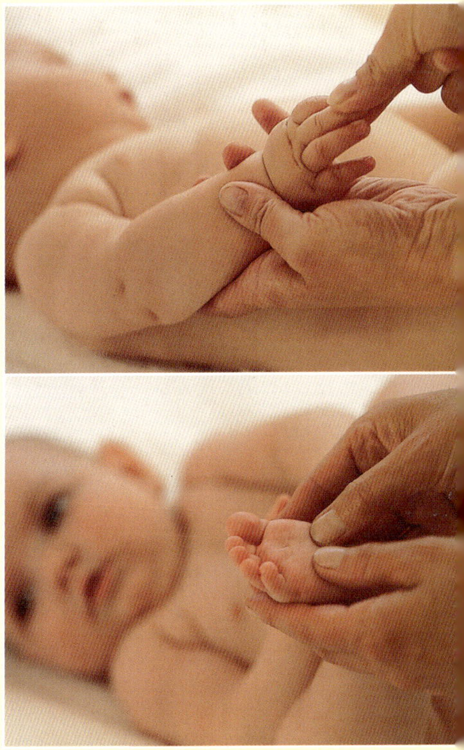

Masser votre bébé est l'une des meilleures méthodes pour favoriser sa bonne santé et son bon développement. Parallèlement cela entretient l'amour entre vous.

connues et des produits naturels non polluants pour vous, votre enfant et aussi les générations futures.

Écoutez votre intuition

Le fait d'être parent n'est pas aussi compliqué que vous le pensez. Écoutez votre intuition et prenez votre temps afin de vous sentir proche de ceux que vous aimez. Ne vous inquiétez pas de savoir si la maison est impeccable. Concentrez-vous sur votre bébé et prenez le temps de le masser et de le caresser. Employez, en outre, ces moments pour vous rapprocher de votre famille. Vous constaterez que les anciennes générations grâce à leur expérience sont en mesure de vous procurer un grand soutien. Elles peuvent non seulement vous offrir de leur temps en s'occupant de votre bébé, mais aussi être de bon conseil si vous avez des soucis, des doutes ou d'autres difficultés.

Il peut également être salutaire de créer un nouveau système de soutien en rejoignant par exemple un groupe mère enfant. Vous aurez ainsi la possibilité d'avoir des contacts avec d'autres adultes. Vous constaterez aussi que d'autres mères sont dans la même situation que vous, qu'elles partagent les mêmes soucis, et que ce que vous éprouvez est parfaitement naturel.

Espérez en l'avenir

Cet ouvrage est le fruit de mes propres expériences de mère. Mon fils a été mon plus grand professeur. Il m'a conduit vers une pensée intuitive et vers une médecine ancestrale.

Votre bébé vous enseigne l'amour et la vie. J'espère que mon livre vous guidera vers une façon de vivre plus naturelle. La science et la technologie ont énormément évolué au cours des cent dernières années. Aussi utilisons-les pour créer un monde plus harmonieux où chacun aura une nourriture saine et suffisante et pourra vivre dans l'amour et la paix.

Appréciez votre voyage.

«Naître est déjà un miracle. Grandir en ce monde merveilleux est aussi une grâce...Mais vivre une vie qui vous permet d'être relié aux autres n'est en rien comparable. »

L'arbre de vie

Vous et le nouveau venu

Maintenant vous êtes parent

Pour vous occuper de votre bébé, vous aurez besoin de la patience d'un saint, du calme d'une tortue et du sens de l'humour de votre comédien préféré. Il n'existe aucune école de formation pour le travail le plus important que vous aurez jamais à faire. Alors comment devenir le type de parent que vous souhaitez pour votre enfant ?

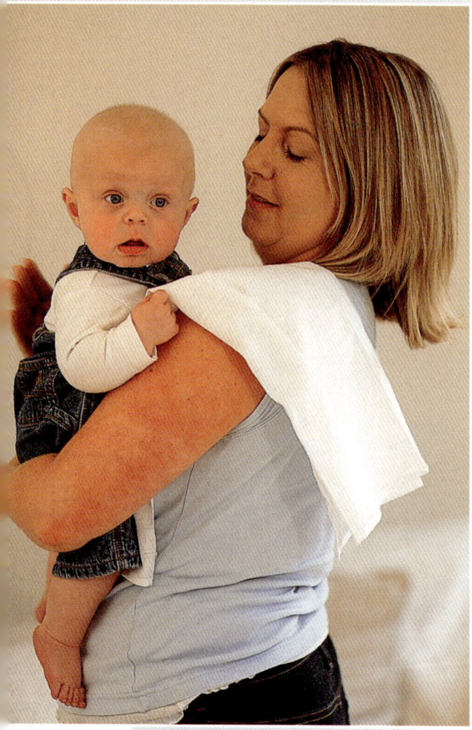

Votre bébé sera profondément relié à vous et à la façon dont vous vous sentez. Cela fait partie de sa trousse de survie. Ainsi si vous êtes éreintée cela se reflétera dans son comportement.

Les bébés et les enfants peuvent trouver des boutons pour pousser des portes dont vous ignoriez même l'existence. Ils exigeront votre attention et quand vous ne la donnerez pas, ils trouveront une issue qui finira fréquemment par des larmes. Mais ne vous inquiétez pas, c'est complètement normal, d'autant qu'il existe des manières de faire face.

Des modèles

C'est une bonne idée que les deux parents s'assoient et fassent deux listes. D'abord, notez toutes les grandes qualités dont vous vous rappelez et que vous admiriez chez votre père ou votre mère ou chez d'autres parents. Ensuite, faites une liste de toutes les choses que vous ne voudrez jamais refaire avec votre propre enfant. Comparez-les, pensez à d'autres exemples que vous pouvez ajouter en utilisant des films et des témoignages d'amis. Puis constituez-vous une nouvelle liste pour que vous puissiez vous composer une image idéale et satisfaisante de votre famille. Ces images positives sont juste ce dont vous avez besoin quand votre bébé pousse un cri perçant et assourdissant. Assurez-vous d'utiliser cette liste comme un guide et non comme un code.

Des moments de qualité

Plus vous donnerez des moments de qualité à votre bébé, mieux ce sera. Les bébés sont petits pendant si peu de temps, et ce moment unique ne reviendra jamais. Aussi, si votre maison est en désordre et si les tâches ménagères ne sont pas faites, ne vous en souciez pas. Vous avez probablement un bébé heureux, satisfait et content. Il est également extrêmement important que vous mainteniez un bon dialogue avec votre compagnon. Vous passerez tous deux par un bouleversement affectif et votre rapport personnel peut subir de grands changements. Vous devez vous rendre compte de la façon dont l'autre réagit. Une simple écoute peut être aussi utile que de donner des conseils. Vous constaterez que vos principaux thèmes de conversation tournent maintenant autour de ce que votre bébé fait et que le plus minuscule changement peut occuper votre soirée entière. Ce genre de dialogue vous permet de partager les expériences de parent et peut aider votre compagnon qui travaille toute la journée à se sentir plus impliqué.

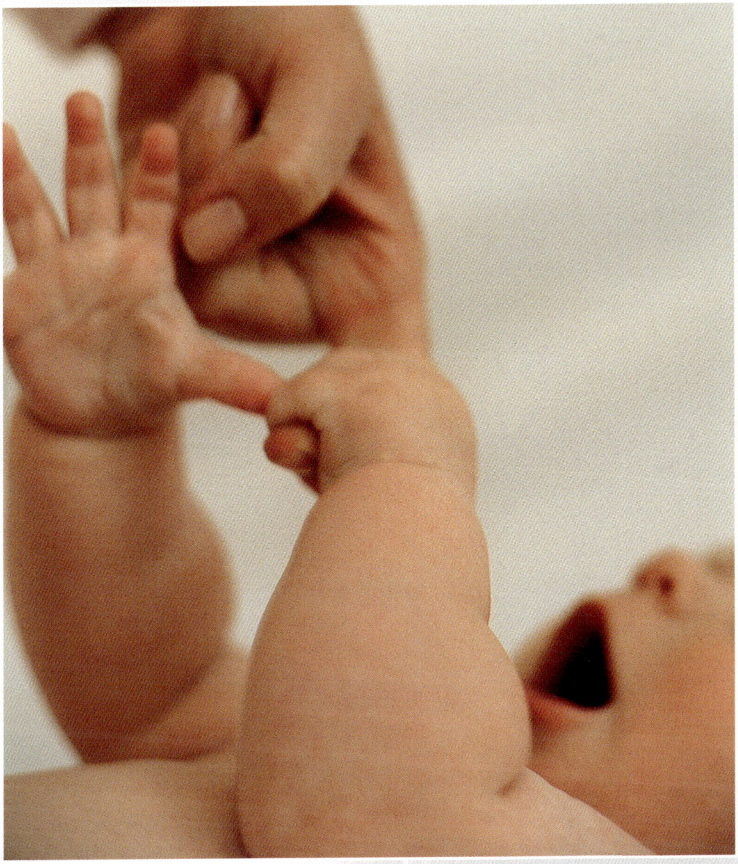

La puissance du contact affectueux établit un rapport plus profond que la moindre parole.

Être positif

Chaque étape que votre bébé traverse est transitoire, aussi il est essentiel que vous tiriez le meilleur parti de toutes les mauvaises expériences qui peuvent éclipser les bons moments, même s'il y a des périodes plus favorables que d'autres. Entraînez donc votre esprit à se concentrer sur le positif et apprenez à rire des drames.

Être positif est également indispensable pour votre enfant, aussi assurez-vous de rire et de choyer votre bébé. Cela influencera ses perceptions, sa confiance et son équilibre affectif pour le restant de ses jours. Si vous avez du mal à faire face, concentrez-vous sur les moments où vous vous sentez déborder d'amour, de joie et de bonheur. Maintenez ces souvenirs présents dans votre cœur. Votre bébé peut sentir vos émotions. S'il sent votre amour et vos vibrations positives, il sera plus heureux et plus épanoui. Il y aura des périodes avec des émotions difficiles à surmonter mais elles seront compensées par des expériences merveilleuses.

FAIRE FACE AU CHANGEMENT

Le défi que vous relèverez n'est pas simplement physique comme l'effort de devoir se traîner une fois de plus hors du lit. Les idées qui vous conduisent à penser que les choses ne fonctionnent pas mènent à la frustration et à la colère, et peuvent vous conduire à penser que vous êtes seule et sans aide. Votre développement émotionnel s'élèvera d'un niveau quand vous apprendrez à gérer rationnellement ces curieux sentiments. Souvenez-vous qu'un mot gentil, une caresse douce, un sourire des yeux peuvent changer la façon dont une personne se sent.

Être proche

Être reliée à votre bébé n'est pas nécessairement aussi facile ou instinctif que vous pouvez le penser. Si vous ne vous sentez pas dans une montée subite, instantanée et ravie d'amour quand votre bébé vous est remis pour la première fois, ne vous inquiétez pas. Le processus qui vous reliera à lui peut prendre du temps. Il existe des façons simples de l'encourager.

Tenez votre bébé, son visage près du vôtre pour qu'il puisse se concentrer sur vous, et voir sourire votre visage avec des yeux brillants.

Quelques femmes se sentent proches de leur bébé juste après la naissance. Certaines après plusieurs jours alors que d'autres peuvent ne pas le sentir pendant des années voire pas du tout. Les mères sont aidées par des substances provenant de leurs corps ainsi que par leurs hormones. Pendant et après la naissance, des niveaux élevés d'endorphines sont libérées par la mère et le bébé. Celles-ci encouragent les sentiments euphoriques. Les effets de ces opiacés créent un état de dépendance qui permet de développer l'attachement. Cependant vous constaterez que plus vous stimulez un bébé, plus la réponse que vous obtenez vous aide à vous relier à lui. Prenez ainsi votre temps, apprenez à connaître ce petit étranger en utilisant le contact, le toucher, le fredonnement, le chant et les mimiques expressives. Les garçons sont susceptibles d'être plus actifs et de vouloir toucher à tout, tandis que les filles préfèrent les stimulations venant du visage. Elles peuvent être ainsi plus attentives à vos expressions.

Le lien ne signifie pas que vous deviez constamment sentir l'amour jaillir de vous. Les sentiments protecteurs sont des signes d'attachement qui stimulent les réactions nourricières.

Le contact par les yeux

Votre bébé qui vient juste de naître peut être très alerte et fixer attentivement.

Un nouveau-né a un foyer visuel d'environ 20 à 25 centimètres mais une lumière forte l'incitera à fermer les yeux. Une fois la lumière baissée ou les rideaux fermés, vous pourrez commencer à explorer vos visages et vos yeux. Laissez votre bébé lentement se concentrer sur le sourire de votre visage. Tenez-le à une distance d'environ 20 centimètres. Plonger votre regard dans ses yeux peut provoquer des vagues d'amour.

Le toucher

Dans l'utérus, les bébés reçoivent toutes leurs informations sensorielles par la peau et à travers la totalité de leur dos, en contact avec l'utérus de la mère. Dans leur nouvel environnement, le contact est essentiel. Dans certaines

Toucher doucement ou embrasser peut détendre et faire naître des sentiments protecteurs.

cultures traditionnelles, les bébés sont doucement frottés dès la minute de leur naissance et placés allongés sur le ventre de leur mère. La plupart des bébés apprécient d'être touchés, caressés et massés (voir les pages 80-101), c'est très rassurant.

Les sons

Votre bébé était averti des bruits extérieurs tandis qu'il était dans votre ventre, musique, télévision, voix, quoique atténuées. Il est capable de reconnaître votre voix et celle du reste de la famille, d'identifier les bruits familiers et rassurants que sont les paroles douces et les chants que vous lui adressez. Quand vous chantez, laissez vos mains tapoter ou frotter le corps de votre bébé doucement et rythmiquement. Si vous jouez la musique que vous aimez, des hormones de bonheur seront libérées dans votre corps. Elles vous permettront de vous détendre. Dansez avec votre bébé tout contre vous. Les bruits vibreront à travers vos deux corps. Ils peuvent soulager n'importe quelle tension, permettant un rapprochement. Une grande union peut se faire grâce aux tonalités douces.

L'alimentation

L'hormone responsable de l'apport de lait joue également un rôle en stimulant les instincts maternels. L'allaitement favorise la proximité. Dans cette position, votre bébé peut voir votre sourire, entendre votre voix et vous sentir. Si vous le nourrissez au biberon, essayez de le faire dans la position semblable à celle de l'allaitement au sein, afin de créer la même proximité. Vous pouvez essayer de le nourrir au biberon sans langes entre vous deux afin de simuler la proximité que provoque l'allaitement au sein.

SE RAPPROCHER AFFECTIVEMENT DES BÉBÉS PRÉMATURÉS

Si votre bébé est en couveuse, le moindre contact physique vous sera à tous les deux bénéfique. Si possible, essayez de masser votre bébé ou de placer votre main sur lui, en envoyant l'amour que contient votre cœur par le bout des doigts. Votre voix est importante pour votre bébé, elle a un potentiel très curatif. Sa vibration traverse les cellules, les molécules et les organes de son corps. Vous pourriez siffler un air, une note continue ou une succession de sons que votre bébé entendra. Il recevra vos sentiments d'amour. Le bruit et le contact sont des façons efficaces de faire face à la séparation physique. Vous le rassurerez et vous le calmerez par votre présence et votre contact. Vous vous sentirez plus positive et plus forte en sachant que vous faites quelque chose qui favorise le rapprochement affectif entre vous deux.

Être une famille

Ce petit ballot merveilleux et sans force réclamera beaucoup de votre temps et de votre amour. C'est fabuleux tant que vous n'oubliez pas les besoins des autres membres de votre famille. Chacun peut ajouter de l'harmonie à la maison. Mais tous doivent se sentir comblés de sorte qu'ils puissent volontairement apporter leur propre contribution.

Le sens de la vie de famille ne s'apprend pas en un jour mais s'acquiert graduellement.

Des désirs réalistes

En tant que nouvelle famille, vous êtes pleine d'espérance en ce qui concerne votre nouvelle vie. Plus vos espérances sont grandes, plus importantes seront vos déceptions si ce que vous avez projeté ne se réalise pas.

Il est important de vous rendre compte que vous ne pouvez pas écrire votre vie comme une lettre. Vous pouvez avoir des idéaux et faire des plans mais vous devez être capable de les adapter en fonction des circonstances. Apprenez à accepter les surprises de la vie et travaillez avec elles. Ne résistez pas au changement, ne vous accrochez pas aux anciennes habitudes alors que votre vie évolue. Cela peut devenir inutile et superflu. Constituer une famille vous fait évoluer très rapidement tant sur le plan des émotions physiques et mentales que spirituelles.

Les grands-parents

Si votre bébé a des grands-parents qui veulent s'impliquer, ce sera bénéfique à tous et l'unité de la famille en sortira renforcée. Les grands-parents aiment habituellement être utiles (mais non utilisés) et faire profiter de leurs savoirs. Ils peuvent alléger la pression autour de vous quand vous êtes fatiguée. Afin de maintenir un rapport positif avec eux, écoutez leurs conseils (même si vous ne devez pas toujours y adhérer) et partagez vos idées avec eux. Parfois, c'est une chance pour eux de réparer leurs propres erreurs. Aussi faites bon accueil à vos parents et essayez de supprimer les tensions qui peuvent exister entre vous. Votre bébé sera le centre de votre famille et il grandira dans la confiance grâce à cet amour.

La jalousie

La jalousie est destructive. Un enfant ou un compagnon jaloux peuvent éprouver le besoin d'être rassurés. Quand toute votre attention est tournée vers le bébé, les sentiments d'insécurité surgissent et peuvent parfois se changer en ressentiment. Pour freiner ces tendances jalouses, essayez d'impliquer tous les membres de votre famille dans le soin et les décisions qui sont prises au sujet de l'enfant. Ne faites pas des montagnes de petites choses et n'exigez pas que tout soit toujours fait selon votre manière.

La rivalité entre enfants peut être un problème après la naissance d'un nouveau bébé. Mais si vous faites participer votre aîné au soin du nouveau venu, cela dénouera les tensions.

Liens entre frères et sœurs dans une nouvelle famille

Un nouveau-né peut retirer aux autres enfants l'attention de ses parents. Comme mère, vous êtes occupée avec le nouveau bébé et vous êtes plus fatiguée et plus chargée que vous ne le prévoyiez. Jusqu'à récemment, votre aîné était le centre de votre attention mais maintenant, pour la première fois, il doit apprendre à vous partager. Aidez votre enfant à s'attacher au nouveau bébé. Montrez-lui que vous l'aimez toujours, cela peut considérablement alléger les problèmes de rivalité entre enfants.

Quand votre bébé crie, prévenez votre enfant que c'est parce qu'il est effrayé et non parce qu'il ne l'aime pas.

Plus votre aîné sera protecteur et attentif, moins il souffrira du sentiment de rivalité. Aussi il est important que vous l'impliquiez dans les soins apportés au bébé. Encouragez votre enfant à parler et à vous aider quand vous sortez avec le nouveau-né et félicitez-le quand il le fait. Laissez-le choisir la tenue de son petit frère ou de sa petite sœur. Laissez-le s'asseoir sur une chaise sûre et confortable où il peut le dorloter. Demandez-lui de dessiner des images ou de prendre des photographies du bébé pour les envoyer à la famille et aux amis. Sollicitez ses idées sur la façon de calmer et de soulager son petit frère ou sa petite sœur. Complimentez-le si cela fonctionne et promettez-lui d'essayer une prochaine fois, si cela ne marche pas. En conclusion, si l'aîné est en mesure de le faire, laissez-le aider dans la maison. Cela peut mener à plus de travail mais donnera à votre enfant la sensation d'être important et utile.

Tu es toujours unique

Pour vous assurer que votre aîné ne se sente pas rejeté à la naissance du nouvel enfant, donnez-lui l'occasion de célébrer l'arrivée du bébé. Faites-lui savoir que le nouveau bébé l'aime aussi.

Souvenez-vous de rassurer votre enfant, dites-lui que vous serez toujours là pour lui, faites-le avec force caresses et baisers. Assurez-vous de passer des moments de qualité seule avec votre aîné, en faisant des activités qu'il apprécie. Dites-lui qu'il est unique et que vous l'aimez. Faites lui savoir que vous vous sentez plus fatiguée que d'habitude et que peut-être vous aimeriez faire une petite sieste l'après-midi avec lui.

REMÈDES NATURELS

Si votre aîné reste jaloux, essayez l'homéopathie, ou des remèdes comme les Fleurs de Bach. Laissez-lui choisir un cristal qui tourne ou placez-en un dans sa chambre à coucher.

Vous et votre compagnon

Il est très fréquent que vous et votre compagnon, focalisés sur votre nouveau bébé, finissiez par ignorer vos besoins mutuels. Il est important que vous passiez non seulement du temps ensemble mais que vous preniez chacun des moments pour vous détendre et vous relaxer même si ce n'est que dix minutes.

Prenez le temps de vous rapprocher affectivement de votre partenaire afin de maintenir une relation amoureuse et vivante.

Souvenez-vous l'un de l'autre

Il est très facile de vous perdre dans le ravissement de ce nouvel amour et d'oublier votre compagnon. Il est bon de passer du temps ensemble non pour accomplir des tâches ménagères mais pour échanger des caresses et vous relier à un sentiment d'unité. Souvenez-vous de rire, de vous étreindre, de vous demander pardon, de faire l'idiot, de jouer naïvement – d'être souple et de faire des compromis. Prenez le temps de dire à votre partenaire que vous appréciez son action et que vous l'aimez. Faites l'effort de vous rendre réciproquement heureux. Vous apprécierez cela tous les deux. Cela aura un effet positif sur votre bébé qui sentira cette atmosphère affectueuse.

L'espace personnel

Vous et votre compagnon aviez perdu votre espace personnel pendant un certain temps. Vous allez avoir besoin de le retrouver pour rester satisfaits de votre vie de famille. Vous devez de temps en temps pouvoir recharger vos batteries en vous mettant en retrait de la vie quotidienne et de ses problèmes. Chacun votre tour, prenez la charge complète du bébé pour que l'autre puisse apprécier un long bain voluptueux ou lire un livre, traîner dans le jardin ou regarder simplement son émission de télévision favorite.

Comment les pères peuvent-ils aider ?

Un nouveau père doit pouvoir aider en veillant sur le nouveau-né mais aussi en ayant des échanges affectifs avec lui. Il devra prendre en compte les besoins réels et affectifs de sa compagne en tant que nouvelle mère. Actuellement, l'une des choses qu'une femme souhaite de son compagnon, c'est qu'il fasse certaines des tâches qu'elle avait l'habitude de faire, comme les courses, le linge et le ménage.

La sympathie et la compréhension, l'empathie et la tolérance sont également profondément appréciées. L'appui d'un père peut faire toute la différence dans la première expérience d'une mère. Si possible, un père devrait donner à sa compagne le temps de se rapprocher affectivement de son bébé, assurer les besoins alimentaires des enfants, tout en la rassurant sur le bon travail qu'elle fait.

Les nouveaux pères peuvent aider leur compagne en offrant leur amour et leur compréhension. L'appui d'un père est une aide énorme pour une nouvelle mère.

Les besoins

Souvent nous nous attendons à ce que notre partenaire soit clairvoyant. Mais s'il ne répond pas à nos besoins inavoués, nos demandes pourront le repousser loin de nous. Plus vous avez besoin de quelque chose plus cela commande vos actions et moins vous aurez de chance de satisfaire ce besoin. Si vous maintenez vos sentiments sous pression et que vos souhaits ne se réalisent pas, votre bébé peut devenir le centre de vos rêves inassouvis. Un amour mal placé peut rendre un enfant particulièrement exigeant. Aussi il est important de dire sur quoi vous pouvez compter pour que vos émotions mentales et physiques soient satisfaites. Vous constaterez souvent qu'une fois que vous avez parlé de ces sujets, ils cesseront d'avoir de l'emprise sur vous.

Les rapports amoureux

Les hormones jouent un rôle important dans l'éveil sexuel des hommes et des femmes. Les nouvelles hormones de la mère font l'objet d'un réajustement. Il est bien de remplacer alors la relation sexuelle par des moments d'intimité amoureuse. Ces instants peuvent être renouvelés par des temps plus profonds de fusion et d'union où vous vous sentirez vraiment proches et totalement unis, juste grâce à une étreinte. Une relation sexuelle épanouissante est temporairement remplacée par des caresses affectueuses qui ramèneront vers le désir en temps voulu. Essayez le massage sensuel en vue de la reprise des rapports sexuels, c'est une façon douce de stimuler et d'éveiller le corps.

LES AMANTS PARLENT SANS MOTS

C'est un moment si spécial, qu'il faut en tirer le meilleur parti. Être tolérant envers des détails sans importance engendre des sentiments d'amour permettant à la chaleur et à la tendresse de s'infiltrer en vous.

Il y aura des périodes où vous aurez juste envie d'être ensemble, aussi ne répondez pas au téléphone ou si l'on frappe à la porte. C'est un moment personnel, tirez-en le meilleur parti. Faites-vous mutuellement un massage des pieds. Mettez-vous à l'extrémité d'un sofa ou d'un lit. Massez doucement et tendrement vos pieds. Puis passez un certain temps à vous caresser.

Le rôle du père

Des pères peuvent être par inadvertance occultés quand un nouveau bébé se joint à la famille. La vie à laquelle ils étaient habitués change radicalement. On espère d'eux qu'ils s'adaptent à cette nouvelle vie mais en même temps, ils perçoivent bien que leur partenaire est le centre de toutes les attentions.

Les bébés ne sont pas nécessairement aussi solides qu'on voudrait l'espérer et vous pouvez trouver qu'ils se tortillent beaucoup. Néanmoins, plus vous jouerez avec eux, plus confiant vous deviendrez.

Les sentiments du père

Un nouveau père peut être accablé, tout comme une nouvelle mère, par la richesse de ses émotions. Quelques hommes perçoivent leur rôle comme celui d'un protecteur et peuvent se sentir oppressés et surchargés par les soucis financiers. Pour d'autres, des émotions inconnues feront surface. Pour certains une déception vis-à-vis de l'enfant peut provoquer un trouble que beaucoup ne veulent pas admettre. Un père peut éprouver des sentiments inattendus d'abandon quand sa compagne se concentre totalement sur les besoins du bébé. Dans les premiers mois, des sentiments de rejet, de jalousie et de solitude sont fréquents. Les hommes ne peuvent pas expliquer pourquoi ils se sentent éliminés par ce petit paquet fragile qu'ils ont attendu avec joie. Or ils sentent tellement d'amour qu'ils pensent qu'ils vont éclater. Un père peut souhaiter partager les expériences qu'il a appréciées enfant avec son propre père comme camper ou pêcher. Il aura ses propres idées sur la façon dont un père doit se comporter, mais en raison de la fatigue, de l'inquiétude et des pleurs incessants du bébé, il ne montrera pas son attachement. D'autant plus qu'on s'attend à ce qu'il soit calme, conciliant et sympathique.

S'exprimer

Quelques hommes ne parlent pas toujours aisément de leurs craintes et de leurs soucis. Ce n'est tout simplement pas dans leur nature. Ils craignent d'être perçus comme incapables de faire face. Un nouveau bébé provoque un changement énorme dans la vie de chacun. Une communication ouverte est de ce fait impérative. Si le ressentiment se fait jour, les mariages ou les associations peuvent s'effondrer durant la première année de vie d'un bébé. Il faut donc toujours parler des choses qui ne vont pas.

De même, il est important pour des mères de se réunir et de partager leurs expériences. C'est également une bonne idée que les pères fassent la même chose. Dans les groupes postnataux, des pères peuvent être rassurés en apprenant que d'autres hommes vivent les mêmes situations et passent par de semblables épreuves. Ils peuvent ainsi découvrir comment résoudre leurs problèmes.

Plus vous aurez de contact avec votre enfant, plus vous aurez de retour. L'odeur est un puissant facteur d'attachement et d'identification.

Tenir son bébé et lui parler

Un père devrait être encouragé à avoir un contact physique avec son enfant mais pas simplement à travers la corvée des couches. Câliner et tenir son bébé proche de soi permettent à un père et à son enfant de connaître l'odeur l'un de l'autre. L'odeur est un facteur puissant d'attachement.

Votre bébé aura entendu la voix de son père pendant sa gestation et sera apaisé par elle. Un père et un bébé peuvent se sentir reliés par une communication simple et un langage spécial de bébé. Parler avec une voix douce et tendre crée un lien très personnel.

Partagez les soins

Les pères doivent se sentir impliqués dans tous les aspects de la vie de parent. Cela peut également les aider à se rapprocher de leur bébé. Il est important que les pères prennent part aux soins. Si votre compagnon est avec vous et qu'il vous aide particulièrement pendant les étapes préliminaires et formatrices, il répondra facilement aux besoins de son bébé, à ses cris ou à son amour, créant ainsi un lien très fort avec lui. Cela favorisera le bonheur et la confiance des enfants. Le père surmontera ainsi ses besoins et ses émotions qui eux-mêmes sont en évolution.

Les pères sont beaucoup plus impliqués aujourd'hui, du début de la grossesse à la naissance (environ 90 % assistent à la naissance). Il existe un nombre de plus en plus important d'hommes qui restent à la maison pour s'occuper des enfants tandis que la mère reprend le travail. Par conséquent, les hommes apprennent la joie d'être le principal pourvoyeur de soins et tous les avantages que cela procure.

RESTER PROCHE

Une des meilleures façons pour un père d'être physiquement proche de son bébé est de le porter dans une sangle. C'est une façon très agréable de tenir un bébé car il peut sentir le battement de cœur de son père grâce à cette proximité étroite. Il peut apprécier aussi le mouvement de son corps. Il existe une grande variété de sangles et certaines peuvent être utilisées dès le début. Cependant, si la mère souffre de douleur dorsale après la naissance, elle peut ne pas être en mesure de le faire. Mais la sangle s'avère utile si le père peut l'utiliser.

La dépression

Le baby blues et la dépression postnatale sont des phases souvent évoquées et vous pouvez craindre d'en souffrir. Cependant, en raison des transformations hormonales, physiques et pratiques, les nouvelles mères peuvent éprouver des baisses de moral ou des dépressions plus grandes que leur compagnon.

Essayez de passer dehors le plus de temps possible. Si vous n'avez pas de jardin, vous pouvez vous rendre avec votre bébé dans un parc avec une amie.

Les causes

Il existe de nombreuses raisons pour lesquelles vous pouvez vous sentir déprimée. Après l'accouchement, les hormones que vous avez secrétées pendant que vous étiez enceinte et au moment de l'accouchement reviennent à leur état antérieur. Ce qui provoque une agitation émotionnelle. Couplée à cela, la responsabilité de s'occuper d'un nouveau-né épuise. La maman fatiguée se sent accablée par la nouvelle situation dans laquelle elle se trouve.

De plus, une vie sociale et la compagnie d'autres adultes comme vos collègues de travail peuvent vous manquer. Vous pouvez vous inquiéter de devoir retourner au travail et de savoir qui s'occupera de votre enfant. Ou bien être soucieuse de la relation que vous entretenez avec votre compagnon.

Les problèmes d'allaitement

Les femmes qui ont du mal à allaiter peuvent devenir impatientes et éprouver un sentiment d'échec. Si vous ne pouvez pas vous détendre pendant que vous essayez d'allaiter, votre lait sera moins satisfaisant pour votre enfant. Cela peut créer un malaise. Une césarienne ou une naissance traumatique rendent parfois inconfortable ou même douloureux le port du nouveau-né. Ce qui évidemment n'est pas bon pour votre humeur.

Le manque d'estime de soi

Trouvant que vous avez toujours un gros ventre et aucune tonicité musculaire, vous pouvez imaginer que vous n'aurez plus jamais une belle et jolie allure. Ces pensées provoquent une grande tristesse et la crainte mal placée de perdre l'amour de votre compagnon.

Après avoir eu un bébé, beaucoup de personnes se sentent seules ce qui peut aggraver tous les sentiments de mal-être. Parler et faire le point est donc primordial. Discutez en couple de ce que vous aimeriez avoir ou de ce dont vous avez besoin, afin que vous puissiez tous les deux vous l'accorder régulièrement.

Faire une promenade est une manière efficace de prendre du temps en famille. L'exercice est un grand stimulant si vous vous sentez l'humeur morose.

Le manque de sommeil

Nous ne devons pas sous-estimer l'effet que le manque de sommeil produit sur l'être humain. Pendant cette période, vous et votre partenaire serez las comme jamais vous ne l'avez été. Vous êtes susceptibles de vous déchirer l'un l'autre. Vos griefs enfouis peuvent éventuellement refaire surface et exploser de façon disproportionnée.

Pour minimiser les effets du manque de sommeil, assurez-vous de dormir toutes les fois que vous le pouvez. Et acceptez de l'aide, qu'elle vienne d'amis ou de parents. Ils peuvent offrir un soutien quand vous avez des obligations. Vous pouvez aussi faire une petite sieste quand votre bébé dort sans que vous ayez à vous inquiéter de combien de temps vous disposez.

Le baby blues et la dépression postnatale

Durant les premières semaines qui suivent l'accouchement, il est normal que vous vous sentiez émotive, instable, irritable, susceptible, déprimée, anxieuse et toute prête à éclater en larmes. Ce contrecoup émotionnel est connu sous le nom de *baby blues*.

La dépression postnatale se produit habituellement dix ou quatorze semaines après la naissance. Elle peut apparaître aussi à n'importe quel moment durant la première année. Cela peut être difficile à diagnostiquer car les symptômes sont très variés et très proches de ceux qui suivent immédiatement la naissance. Ils impliquent des insomnies, des envies irrépressibles de dormir, l'augmentation ou la perte de l'appétit, des pleurs incontrôlables, de la léthargie, la sensation d'être incapable de faire face, des sentiments de culpabilité, d'incapacité et de déni de soi-même, de claustrophobie et de perte d'équilibre psychique. Avec quelquefois, mais rarement, des idées agressives envers le bébé. Il existe également comme autres symptômes, des pertes de concentration, des crises d'inquiétude, de panique et une perte d'intérêt envers l'enfant. La dépression postnatale est comme une maladie. Si vous pensez en être victime, vous devez chercher de l'aide. L'appui de ceux qui vous aiment, combiné à des exercices, des conseils alimentaires ainsi que l'aide d'un médecin (page 23) vous aideront à faire face.

LA DÉPRESSION POSTNATALE CHEZ LES HOMMES

La dépression postnatale chez les hommes est rarement traitée et reconnue par les pères eux-mêmes ou le corps médical. Le centre de l'attention principale est sur le bien-être du nouveau-né et sur celui de la mère. Le nouveau père peut ne pas vouloir en parler, ce qui créera encore plus de problèmes. Il n'y a aucune honte à cela et ceci ne devrait pas être embarrassant pour un père s'il estime que certains des symptômes énumérés ici l'affectent. Le conseil médical devrait être recherché et l'aide fournie par un docteur peut être accompagnée d'un régime alimentaire pour (voir page 23) doper le moral.

Doper votre humeur

Les bébés peuvent sentir la tension et le malaise, mais ils peuvent ne pas comprendre sa signification. Cela les rend eux-mêmes instables et exigeants, ce qui est très mauvais pour des parents déjà tendus. Il est évident que plus vous vous sentirez bien, mieux ce sera pour chacun. Prendre soin de vous vous conduira à prendre soin de votre bébé.

Améliorer votre humeur

Il existe un certain nombre de façons pour améliorer votre humeur, assurez-vous de bénéficier de suffisamment de lumière provenant du soleil mais aussi de pratiquer des exercices réguliers comme la marche, la nage ou le yoga. Mangez équilibré et entretenez des relations avec d'autres parents.

Les bénéfices de la lumière du soleil

La vitamine D est formée naturellement quand la peau est exposée à la lumière du soleil. Cette dernière amplifie également l'activation des hormones qui favorisent un bon moral et qui sont parfois négativement affectées par le bas niveau des œstrogènes. Aussi faites une promenade en plein jour, même s'il fait sombre. L'effort de marcher pendant dix minutes libérera des hormones de bien-être dans votre flux sanguin. En devenant une routine régulière, votre métabolisme s'accélérera également, vous aidant à perdre le poids pris.

L'importance d'un bon régime

Le repos et un bon apport alimentaire favorisent le rétablissement de votre énergie. Aussi ayez un régime varié, riche en fruits et légumes (de préférence bio) mais faible en graisses saturées, en sucre et caféine. Vous avez besoin d'hydrates de carbone pour vous donner de l'énergie, mais évitez les nourritures traitées ainsi que le pain blanc raffiné. Choisissez-le complet. Évitez la nourriture frite, mangez de bonnes protéines telles que celles du quinoa, du riz brun, du poisson, du poulet, des œufs ou des haricots. Faites-vous des snacks avec des graines, des noix, des galettes d'avoine, des gâteaux de riz, des fruits. Utilisez du miel à la place du sucre. Vous avez transmis un grand apport en zinc à votre bébé, aussi pour le remplacer, mangez des noix, des graines complètes, de l'avoine et des lentilles. Le zinc a besoin de la vitamine B6 pour fonctionner, aussi supplémentez-vous avec un complexe de vitamines B.

Des alternatives à l'allaitement

Si vous avez des difficultés pour allaiter, consultez votre sage-femme, un visiteur médical ou un conseiller pour l'allaitement au sein. Vous pourriez également demander à votre compagnon de donner le biberon au bébé. Si vous avez besoin de repos ou si vous êtes fatiguée, remplissez le biberon de votre lait.

ASSAINIR L'AIR

Après une forte discussion, vous pouvez parfois sentir la tension autour de vous, aussi il est bon d'assainir l'air. Une bonne manière de le faire est d'ouvrir les fenêtres et de laisser entrer l'air frais. Vous pouvez déposer des fleurs fraîches dans la chambre, allumer une bougie, de l'encens ou des diffuseurs d'essences naturelles. Le sel de mer dans un récipient en verre absorbe la négativité, mais il doit être jeté après quelques jours d'utilisation.

Essayez de rencontrer d'autres parents dans votre quartier. Il existe beaucoup de groupes qui vous permettront de vous lier avec d'autres personnes qui traversent les mêmes expériences que vous.

N'enterrez pas vos problèmes

Quand les problèmes sont refoulés, ils favorisent les ressentiments. Il vaut mieux les traiter à mesure qu'ils surgissent. Si votre tempérament ne vous permet pas d'avoir une conversation en profondeur, mettez une stratégie en place qui vous donne un certain espace pour respirer et remettre les choses en ordre. Essayez de discuter alors de nouveau du problème, calmement et tranquillement. Essayez de ne pas blâmer l'autre et faites-lui savoir ce que vous ressentez.

Rappelez-vous que tous les êtres humains ont été blessés. Quand vous aimez quelqu'un, il faut surmonter ses défauts, aussi difficile que cela puisse être car ni l'un ni l'autre n'êtes des experts en ce domaine. Qui l'est vraiment ? Vous passez par un processus d'apprentissage commun. Il est bien de partager vos expériences et vos idées, même si vous pensez que votre compagnon ne sera pas d'accord avec vous.

Rencontrez d'autres parents

Les femmes qui ont cessé de travailler peuvent se sentir particulièrement seules et souffrir de l'absence de camaraderie qu'elles trouvent sur leur lieu de travail. C'est pendant cette période que vous devez parler à d'autres parents pour découvrir que vous êtes tous en train de partager les mêmes expériences. Rejoignez aussi les groupes locaux de mères et de bébés ou les centres de massage de bébé.

DES ALIMENTS POUR STIMULER VOTRE MORAL

- Huile de poisson
- Dinde
- Soja
- Noix
- Graines
- Lait
- Pain complet
- Légumes verts
- Poivrons doux
- Carottes
- Ail
- Pommes
- Abricots
- Banane
- Citron

SUPPLÉMENTS BÉNÉFIQUES

- Complexe de vitamine B
- Vitamine C
- Fer
- Magnésium
- Zinc
- Primevère du soir

La méthode naturelle

Le choix d'une méthode naturelle implique de vous mettre au courant de ce que contiennent les produits que vous achetez mais aussi d'employer des thérapies et des plantes favorables à une bonne santé. Ce style de vie implique d'acheter des produits naturels, réutilisables et biodégradables ainsi que dans la mesure du possible, des vêtements, des meubles, de la literie, des peintures et des produits d'entretien sans danger.

Essayez de préparer des aliments naturels pour votre enfant et pour vous-même si vous allaitez.

Pour être sain, un produit doit contenir un certain nombre d'ingrédients dits naturels. Faites ce que vous pensez le mieux avec l'information qui vous est donnée. Aussi assurez-vous d'avoir autant d'informations que possible. Lisez l'étiquette du produit, elle énumère les ingrédients et indique souvent à partir de quoi l'empaquetage est fait. Des sites Internet et des magazines publiés par des magasins d'alimentation diététique peuvent vous aider à faire des choix judicieux en vous conseillant sur les substances chimiques nocives que certains produits contiennent.

Il existe quelques changements simples que vous pouvez faire dès le début.

Se nourrir sainement

Des allergies et des intolérances à certains types de nourriture peuvent déclencher de l'eczéma et de l'asthme en raison des produits chimiques utilisés pendant la croissance des plantes. Aussi si vous allaitez, alimentez-vous autant que possible avec des produits bio. Quand vous commencez à sevrer votre bébé, assurez-vous de le faire avec des légumes et des fruits biologiques. La nourriture bio doit avoir poussé dans un sol chimiquement sain et ne pas provenir d'un organisme génétiquement modifié.

Biberons

Assurez-vous que vos biberons en plastique ne sont pas faits à partir de polycarbonate contenant du bisphénol A, hormone chimique pouvant contaminer le lait. Regardez l'empaquetage pour voir s'il y a du PC 7 qui indique la présence du polycarbonate (ou le numéro 7 à l'intérieur du triangle de recyclage).

Couches

Une couche jetable prend des centaines d'années pour se décomposer dans les décharges. Cela provoque des dommages sur l'environnement et la chaîne alimentaire. L'environnement n'est pas le seul à profiter des couches réutilisables.

Les couches en fibres naturelles sont confortables pour le bébé et peuvent minimiser les irritations cutanées.

Pour votre bébé, ces couches de coton sont douces et confortables. De plus, elles ne contiennent aucun gel chimique. Les fibres de coton facilitent la circulation de l'air. La peau peut ainsi rester à l'aise et respirer facilement. Les couches ne causent pas d'irritation en raison des frottements ou des fuites. De plus, elles ne prennent que peu de temps pour être mises.

Les couches naturelles de coton reviennent moins cher que les couches jetables, même si vous tenez compte de la lessive et de l'électricité employées pour les laver. Il existe des entreprises qui fournissent et lavent les couches réutilisables. Vous pouvez vérifier qu'elles emploient un détergent sain pour l'environnement avant de prendre un engagement.

Les parfums artificiels

« Parfumé » synthétiquement signifie qu'un parfum peut contenir de quarante à cinquante ingrédients dont beaucoup sont des produits chimiques toxiques. Achetez des savons qui ne contiennent pas de parfums synthétiques. Ouvrez une fenêtre au lieu d'utiliser un désodorisant.

Notre peau est notre plus grand organe, elle n'absorbe pas moins de 60 % de ce qui lui est appliqué. Les bébés ont une plus grande surface de peau par rapport à leur poids que les adultes, ce qui signifie que ce qu'ils absorbent est plus concentré. À cet effet, les bains moussants, les lotions pour le corps, les protections solaires pour bébés devraient également être examinés afin de s'assurer qu'ils ne contiennent pas de produit toxiques. Autant que possible, choisissez des produits de soins naturels pour la peau.

UNE MAISON NATURELLE

Regardez tout autour de la maison pour savoir si des changements pourraient être faits qui seraient bénéfiques au bien-être de votre famille.

- Éteignez toujours les ordinateurs et les télévisions quand ils ne sont pas en activité car les champs électriques des ordinateurs, des télévisions, des lumières et des micro-ondes affectent nos ondes cérébrales, ce qui peut provoquer des variations d'humeur.
- La plupart des tissus pour literie sont traités avec des produits chimiques, aussi choisissez-les en fibres naturelles, option coton.
- Les tapis peuvent être confectionnés avec un PVC dégageant un gaz qui emprisonne la poussière. Les produits chimiques peuvent aggraver l'asthme et l'eczéma. Ne pouvez-vous pas choisir à la place des parquets flottants ?
- Évitez la peinture ou le vernis contenant des produits chimiques volatils élevés qui peuvent irriter les poumons. Certains sont également cancérigènes et contribuent aux mutations climatiques.
- Les bois agglomérés contiennent habituellement de la colle avec du formaldéhyde, aussi choisissez du vrai bois.
- Évitez d'employer des pesticides.
- Évitez d'employer des produits enduits de créosote.

Prendre soin de votre bébé

Les besoins de votre bébé

Votre bébé doit se sentir aimé, nourri, soigné et proche de vous. Il souhaite se sentir aussi rassuré dans le monde extérieur qu'il l'était dans votre ventre. Il est donc important de créer un espace chaleureux à la maison. Votre bébé doit être absolument sûr que vous êtes là pour lui. Si vous ne l'êtes pas, il sera perturbé et effrayé.

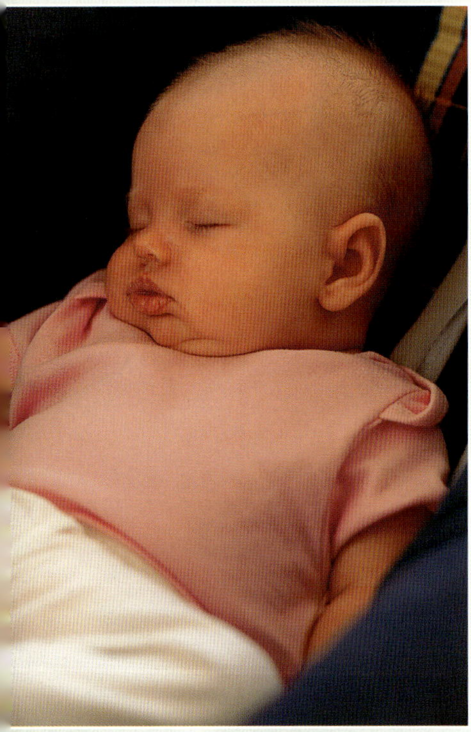

Votre nouveau-né dormira au moins dix-huit heures par jour. Il peut mettre plusieurs mois pour arriver à distinguer la nuit du jour.

Après vous être assurée que votre bébé est bien nourri, au chaud, en sécurité et rassuré, certaines façons de faire peuvent réduire les risques au niveau de la santé. Celles-ci impliquent une bonne hygiène personnelle qui permet de ne pas l'exposer à trop de germes. Il est également important de ne pas fumer à côté de votre enfant ou dans la maison.

Le sommeil

Au début, votre bébé dormira probablement pendant au moins seize ou dix-sept heures par jour. Cela peut tomber à treize ou quatorze heures à l'approche des six mois. À mesure qu'il grandit, le sommeil de votre enfant deviendra plus régulier. Après six mois, votre enfant commencera à faire des nuits complètes, avec deux petites siestes durant la journée (voir page 48).

L'alimentation

Jusqu'à environ six mois, le lait fournira tous les nutriments dont un bébé a besoin. Une fois que vous commencez à introduire dans son alimentation des nourritures solides, le lait reste toujours une partie importante de son régime (voir page 54). Vous pouvez continuer à l'allaiter autant de temps que vous en avez envie (voir page 52).

Les pleurs

La seule façon que votre bébé a de communiquer ses besoins et d'obtenir satisfaction est de pleurer. Il le fait pour demander votre aide et être rassuré par votre amour. Pleurer est une tactique de survie. Il n'a pas besoin d'être très âgé pour apprendre à utiliser les larmes et obtenir de l'attention, (voir pages 32-35).

Chaleur et protection

Il est très important de le maintenir au chaud – sans que cela soit trop chaud – car un bébé a un système thermique peu développé. Ce qui fait qu'il ne peut pas régler sa propre température corporelle (voir page 31). Il est nécessaire de se rendre compte de la température de son corps afin

Le lait maternel fournit au nouveau-né tous les aliments dont il a besoin.

de pouvoir détecter s'il a de la fièvre qui est un indicateur de maladie (voir page 33).

Il est également très important que vous soyez scrupuleuse au sujet de votre propre hygiène, en vous lavant les mains régulièrement afin que votre bébé soit maintenu propre. Cela ne signifie pas que vous ayez besoin de lui donner un bain chaque jour (voir p. 40-43). Vous devez vous assurer qu'il n'entre pas en contact avec des germes infectieux. Cependant, ne soyez pas trop maniaque car il a besoin d'une certaine exposition aux microbes pour que son système immunitaire puisse se développer.

Le contact affectueux

Votre nouveau-né peut être calmé par tous les contacts peau à peau, tels que les caresses ou les câlins. Le massage peut être particulièrement apaisant (voir p. 80-83). Câliner votre bébé tandis que vous êtes nue, tant dans le lit que dans le bain, est aussi très relaxant pour lui.

Cependant, quelques bébés n'aiment pas être tenus. Un bébé qui n'est pas à l'aise, pendant que vous le caressez, raidira son corps et pleurera. Il peut être très difficile de faire face à cette situation.

LES BÉBÉS EXIGEANTS

Les bébés exigeants ont besoin d'une grande attention de leurs parents. Ils ne veulent jamais être loin de leur père ou mère. Ils ne peuvent être seuls et s'agitent constamment. Ils veulent souvent être sur le sein, mais ne tètent pas toujours. Ils veulent dormir, mais pourtant pleurent. Ils sont peu aimables avec les étrangers, ils s'effrayent facilement et s'arc-boutent souvent. Ce type de comportement peut rendre difficile la relation avec eux. Ils ne semblent pas répondre à vos efforts pour les réconforter et les nourrir.

Ce sont des enfants épuisants. Ils prennent plus de temps pour s'adapter à la vie extérieure, loin de la chaleur et de la sûreté du ventre maternel. Les sentiments des parents peuvent être éprouvés par leur versatilité constante. Le rapprochement est souvent impossible. Mais essayez de ne pas laisser s'envoler l'amour qui est entre vous. Plus vous répondrez rapidement et affectueusement, plus vite votre bébé se calmera.

Les bébés prématurés

Un bébé prématuré est tellement petit et sans défense qu'il est souvent difficile pour les parents de savoir s'en occuper. De ce fait, il est préférable de chercher de l'aide auprès de professionnels. Il existe de nombreuses façons pour aider les parents d'enfants prématurés à prendre soin de leur enfant.

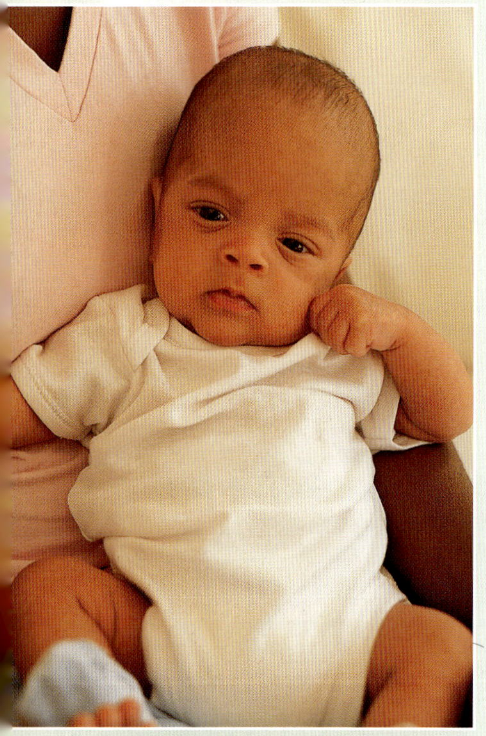

L'estomac du prématuré (et du nouveau-né) ne peut contenir qu'une petite quantité de lait. Ils sont souvent fatigués après avoir été nourris, ce qui les pousse à crier car ils ont encore faim.

Les parents de bébés prématurés ont besoin d'être rassurés et de bénéficier du conseil de professionnels. Parler aux sages-femmes, aux infirmières permet d'être grandement aidés dans ce type de situation. Pour les parents, l'un des aspects le plus difficiles à surmonter avec un bébé prématuré est le fait de ne pas pouvoir le tenir dans leurs bras. De ce fait, ils ont du mal à se sentir proches. Cependant, il existe des moyens de venir à bout de ces difficultés.

L'alimentation

Beaucoup de bébés nés à terme peuvent mettre près de quarante-huit heures pour s'habituer à téter. Les bébés doivent pouvoir s'agripper et trouver leur source de nourriture eux-mêmes, mais chez les prématurés ce réflexe peut être sous-développé. Les réflexes pour se nourrir mettent ainsi plus de temps à se mettre en place et nécessitent de l'aide.

Le pédiatre de l'hôpital pourra vous donner de bons conseils sur l'alimentation. Si possible, essayez d'allonger votre bébé à côté de vous, ventre contre ventre, le nez contre votre mamelon. Puis portez-le vers votre poitrine ou vers le biberon.

Les bébés avec une sonde peuvent être alimentés par votre lait que vous avez fourni grâce à un tire-lait.

La peau et le contact

Les bébés prématurés ont la peau très sensible. En observant leur réponse aux caresses vous pourrez mesurer combien ils peuvent en recevoir. Les signes de détresse, indépendamment des pleurs, peuvent être des spasmes musculaires, une respiration irrégulière, un changement de couleur de la peau, des éternuements et des bras qui battent l'air. Le contact doit être lisse, lent et affectueux. Dans beaucoup de cas, il est mieux de juste laisser reposer votre main sur une partie de son corps, en imaginant qu'elle l'entoure complètement. Quelques bébés prématurés pourraient préférer être câlinés peau contre peau.

Si le vôtre est dans une couveuse et que vous ne pouvez le tenir, vous pouvez toujours lui parler et le toucher doucement puis lui donner votre lait grâce à une sonde d'alimentation.

L'emmaillotement

Quelques bébés se sentent peu rassurés dans ce nouveau monde, et la liberté de mouvement peut être un facteur aggravant. Dans le ventre, leurs mouvements étaient limités, ce qui n'est plus le cas après. Envelopper votre bébé dans un châle ou un molleton peut l'aider à lui donner la sensation d'être dans un espace sûr et contrôlé, ce qui peut le réconforter.

Comment emmailloter ?

Pliez un lange de mousseline (en été) ou de coton doux en triangle, couchez votre bébé au milieu. Pliez un coin en biais et repliez-le sous lui, serrez raisonnablement. Pliez l'autre coin de même. Quelques bébés préféreront avoir les bras dehors. Repliez le coin restant au-dessus des pieds. Ne l'emmaillotez pas au point qu'il ne puisse plus bouger, ce qui ne favoriserait ni le sommeil ni la relaxation. Assurez-vous de l'emmailloter confortablement afin qu'il puisse bouger les jambes. Le but est qu'il ait la sensation d'être tenu mais non serré.

Ne lui couvrez jamais la tête au point qu'il soit victime d'un coup de chaleur. Il doit pouvoir se mouvoir et particulièrement bouger les mains. Il perd de la chaleur par la tête. Rappelez-vous qu'un bébé n'a pas la capacité de contrôler sa température, aussi vérifiez qu'il n'a pas trop chaud dans son lit. Il doit toujours dormir sur le dos.

Quand l'emmailloter ?

Un bébé peut être emmailloté à chaque fois qu'il se sent mal à l'aise. Une expérience scientifique a montré que cette ancienne coutume provoquait chez les bébés plus de confort et d'apaisement, favorisant ainsi le sommeil. Dans de nombreuses cultures, les bébés sont constamment emmaillotés.

Une fois emmailloté, il peut facilement être attaché à votre corps, vous permettant d'avoir les mains libres pour vaquer aux tâches quotidiennes. Votre bébé sentira le mouvement rythmique de votre corps. Il sera en sécurité et apaisé pour dormir. Un bébé qui pleure quand vous le mettez dans son berceau, mais qui s'arrête dès que vous le prenez, aura avantage à être emmailloté. Il demande évidemment un certain contact et être emmailloté pourra lui donner le sentiment d'être touché, ce qui le rassurera.

Si votre bébé est agité quand vous le nourrissez, l'emmaillotement réduira ses mouvements ce qui lui permettra de mieux se nourrir.

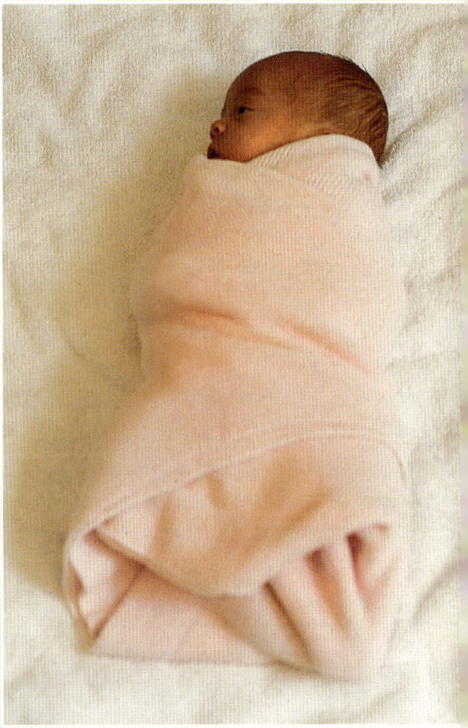

Les tout petits bébés sont plus faciles à tenir quand ils sont emmaillotés. De plus, ils se sentent tenus et rassurés car l'emmaillotement recrée le sentiment de sécurité qu'ils ressentaient dans le ventre de la mère.

Les pleurs

Quand les bébés pleurent, ils envoient un signal clair pour demander de l'aide. Ils vous apprennent à développer votre intuition. Cela peut être pénible à entendre, mais souvenez-vous qu'à cette période, ce type de cri est entièrement normal. C'est en fait la seule manière pour eux de communiquer leurs besoins.

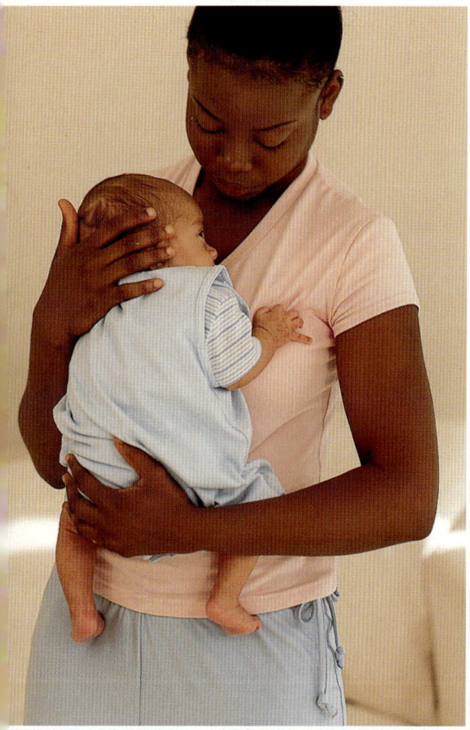

Pleurer est la seule manière pour votre bébé de vous faire savoir que quelque chose va mal. Il peut être affamé, avoir froid, être mouillé ou simplement seul.

Parfois vous pourrez sentir sa détresse et le calmer immédiatement. Mais d'autres fois cela ne donnera absolument aucun résultat. Vous n'êtes pas une mauvaise mère pour autant si vous vous sentez frustrée et fâchée quand il ne s'apaise pas. Chaque parent passe par des moments difficiles.

Faire face aux larmes

Si vous ne vous occupez pas de votre bébé, il se sentira découragé. Se sentant malheureux et isolé, il augmentera le volume et l'intensité de ses larmes au point d'avoir de la fièvre. Son développement émotionnel sera affecté si personne ne répond à cet appel, tandis qu'il se sentira confiant et fort si l'on y répond.

En observant ses pleurs vous pourrez détecter rapidement ses besoins. Les parents apprennent vite à comprendre si leurs bébés sont affamés, fatigués, ennuyés ou surexcités. Laissez votre intuition agir et vous constaterez que la confiance en vous-même augmentera dès que vous réaliserez ce qu'il souhaite.

Les causes des larmes

Quand ils sont affamés, mouillés ou fatigués, les bébés pleurent pour indiquer tout ce qu'ils ressentent. Ils pleurent souvent quand on les habille ou qu'on les baigne. Ils ne sentent pas en sécurité car leur peau n'aime pas l'air.

Si vous avez essayé d'apaiser de toutes les manières habituelles votre bébé quand il crie, comme le faire téter, changer ses couches, le bercer pour l'endormir, posez vos doigts sur son front pour vérifier sa température. Vous pouvez simplement avoir à ajouter ou enlever quelques couches.

Un bébé trop excité remuera et pleurera même s'il est extrêmement fatigué. Quelques-uns répondront davantage aux stimuli visuels, d'autres à un son. Aussi essayez de trouver ce qui est prédominant chez lui. Par exemple, un mobile accroché fera plus pour le maintenir visuellement stimulé et éveillé qu'une tentative pour l'amener vers le sommeil.

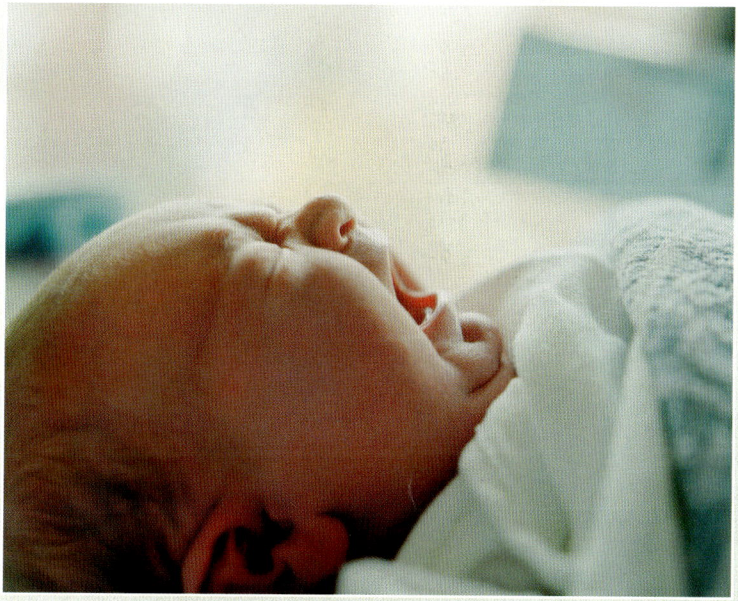

Cela peut être épuisant pour vous si votre bébé ne cesse de crier. Surtout n'hésitez pas à demander de l'aide.

Faire face aux pleurs

Quand votre bébé crie, vous serez quelquefois capable d'identifier la cause des sanglots et de résoudre le problème mais parfois une solution qui avait marché ne fonctionnera pas. Vous aurez le sentiment d'avoir épuisé l'arsenal de solutions sans aucun résultat et vous vous sentirez complètement démunie ou même en colère envers votre enfant. Tant que votre frustration ne conduit pas à des troubles physiques et que vous ne montrez pas votre colère, souvenez-vous juste que ces sentiments sont parfaitement naturels et que vous n'êtes pas une mauvaise mère. Dans cette situation la meilleure chose à faire est de demander de l'aide. Téléphonez à une amie ou si vous n'avez personne vers qui vous tourner, appelez un service d'assistance téléphonique. Si cette personne peut venir pour cinq minutes ou quelques heures, elle vous aidera à reprendre vos esprits et à vous rafraîchir la mémoire. Si cette option n'est pas possible, parler simplement à quelqu'un peut avoir un effet incroyablement bénéfique sur votre moral. Vous avez besoin d'être rassurée sur le fait que vous n'êtes pas en train de manquer d'amour mais de comprendre que d'autres parents traversent exactement de semblables émotions dans les mêmes conditions.

Quand il était dans votre ventre le bébé ressentait vos émotions dès que vous libériez des hormones et qu'elles pénétraient dans le placenta. Essayez de vous souvenir de ce que vous faisiez pour vous calmer quand vous étiez enceinte, ce que vous écoutiez comme musique ou faisiez comme exercice. Essayez de refaire cela ensemble car votre bébé a le souvenir de ces moments de calme.

PRENEZ LA TEMPÉRATURE DE VOTRE ENFANT

La température normale de votre enfant doit être entre 36 °C et 37 °C. Une température supérieure indique de la fièvre et dans ce cas vous devez appeler le médecin.

Si vous n'avez pas de thermomètre, posez le dos de votre main sur son front ou son ventre. Si vous êtes paniquée, vos paumes commenceront à transpirer. Elles ne vous donneront pas d'indication précise.

Les frissons et les tremblements peuvent être un signe de fièvre et non que votre bébé a froid. L'envelopper plus pourrait être dangereux. Les bébés ne doivent pas transpirer. Vous pouvez leur ôter les couches si nécessaire.

Reconnaître les différents cris

À mesure que vous vous adaptez aux besoins de votre enfant et apprenez à faire confiance à votre intuition, vous serez à même de reconnaître les cris suivants.

Il existe des services d'aide téléphonique pour les parents inquiets. Cela peut calmer vos craintes et vous éviter de devenir folle quand votre bébé ne parvient pas à être apaisé.

Les pleurnicheries

Un cri à la tonalité basse indique que votre bébé se sent mal à l'aise, peut-être parce qu'il a des gaz, ou qu'il a envie de bouger ou encore que les lumières sont trop vives. Essayez de le bercer en lui tapotant le dos tout en chantonnant.

Le cri qui attire l'attention

Un cri très fort indique que votre bébé réclame votre attention. Essayez de le bercer puis parlez-lui d'une voix douce. Si cela ne fonctionne pas, vérifiez sa température et sa couche puis essayez de le garder avec vous pour qu'il puisse se blottir.

Un bébé qui obtient une réaction quand il pleure apprend bientôt que c'est la meilleure ou la seule façon de vous obliger à vous intéresser à lui. Vous pouvez contrecarrer cette réaction en vous assurant que vous lui donnez tous les soins nécessaires mais pas au moment où il pleure. Caressez-le, jouez avec lui, parlez-lui, chantez, faites-le participer à vos travaux domestiques et autres tâches journalières. Il n'aura ainsi pas besoin de crier pour avoir votre présence.

Le cri de fatigue

Ce cri long est accompagné d'agitation avec frottage des yeux. Essayez de le bercer pour l'endormir. Enregistrez et passez des bruits habituels comme ceux de l'aspirateur, de la machine à laver, du tic-tac d'une horloge ou de l'eau courante… Faites-lui écouter des mélodies d'oiseaux ou bien de la musique classique harmonieuse.

Le cri de la faim

Probablement, le plus facile à reconnaître. Le cri de la faim est plus long que les autres cris et peut faire avaler de l'air à votre bébé, ce qui n'est pas bon avant la tétée surtout s'il souffre de coliques. Quand ce cri monte en intensité, il est habituellement accompagné d'un sucement du poing et

d'un frottement contre votre poitrine. Même si votre bébé a été alimenté il y a seulement une heure, il est possible qu'il ait encore faim. Si vous pouvez repérer le langage de son corps, il vous sera possible de prévoir et d'éviter l'étape des cris.

Apprendre à distinguer les différents cris de votre enfant vous aidera à faire face à ses demandes.

Le cri de colère

Long, fort, perçant, ce cri est parfois accompagné de tremblements nerveux. Votre bébé peut être effrayé et avoir besoin de caresses, même si en même temps il vous rejette. Prenez un souffle profond, sentez-vous forte et positive. Usez de votre voix calmement, en susurrant, en parlant, en chantant ou en ronflant, cela vous aidera à rester calme. Vous pourriez le masser ou le prendre, le secouer ou essayer de détourner son attention en faisant toutes sortes de mimiques. Marcher avec lui dans vos bras, avec sa tête posée sur votre épaule, peut le calmer.

Le cri de douleur

Aigu, perçant et long, ce cri peut être accompagné d'un état du corps rigide et tendu, les poings fouettant l'air, les yeux fermés et serrés fortement. Dans le cas de coliques, ses genoux sont repliés vers le haut. Prenez votre bébé et recherchez la source de douleur. S'il est chaud, passez-lui un gant de toilette humide sans être froid. Si vous ne pouvez trouver l'origine de la douleur et des pleurs continus, appelez votre docteur.

MOUVEMENTS FÉBRILES

Les mouvements fébriles sont souvent provoqués par la fièvre due à une infection. Si ses yeux roulent et qu'il semble trembler, il n'a pas nécessairement froid. Cela peut être dû à des mouvements fébriles. Dans ce cas il a besoin d'une aide médicale immédiate car des convulsions ne sont pas impossibles. Mettez votre bébé dans un endroit sûr (une couverture sur le sol) et essayez de le maintenir au frais en attendant le docteur.

Tenir votre bébé

Les bébés sont parfois très faciles. D'autres fois, ils se raidissent quand vous essayez de les placer sur leur siège de voiture ou dans leur lit. Il existe un certain nombre de techniques que vous pouvez employer pour rendre la manipulation de votre bébé sûre, confortable et agréable. Souvenez-vous toujours de lui maintenir le cou et la tête.

Parler à votre bébé pendant que vous le tenez (même s'il ne semble pas vous comprendre) peut l'aider à se préparer à certains types de mouvement.

Lever et poser le bébé

Pour soulever et abaisser votre nouveau-né, pensez d'abord à votre dos et pliez vos genoux. Passez un bras sous son cou et sa tête, l'autre sous son dos en le faisant glisser vers vous. Quand vous l'allongez, assurez-vous de soutenir sa tête de la même manière, plaçant la partie inférieure de son corps en premier, puis le cou, les épaules et la tête en dernier. Glissez doucement et tendrement vos mains.

Les mouvements du bébé peuvent être saccadés, non contrôlés et subitement étonnamment raides. Aussi, est-il nécessaire de le tenir fermement.

Essayez d'avoir des mouvements lents et doux tout en le regardant et en maintenant le contact des yeux. Continuez de lui parler.

Rester proche

Il existe beaucoup de façons de rester proche de votre enfant. Les bébés aiment habituellement être près de votre poitrine où ils peuvent entendre le bruit familier des battements de votre cœur. Utilisez vos deux mains, l'une supportant son corps et l'autre berçant sa tête et son cou. Amenez-le vers vous, puis reposez sa tête sur votre épaule.

Quand vous êtes assise, vous pouvez le laisser allongé contre votre corps, puis soutenez-le avec votre bras, sa tête posée sur votre poitrine. Il peut aimer se trouver sur son ventre au-dessus de vos genoux. Vous pouvez essayer la séance avec des coussins et vos genoux relevés : votre bébé repose en arrière contre vos jambes et ses pieds sur votre estomac, vous regardant en face. Ayez des coussins ou des oreillers mous à côté de vos jambes, au cas où il basculerait. Quand il est allongé, vous pouvez le câliner. Beaucoup de bébés aiment être caressés peau contre peau. Ils ont souvent un odorat très développé et votre odeur leur est familière.

Les bébés qui souffrent de coliques peuvent apprécier d'être surélevés au-dessus de votre corps, pratiquement au-dessus de vos épaules, cela les soulage probablement de leurs douleurs abdominales.

QUELQUES ATTENTIONS

Souvenez-vous, un bébé pris dans les bras quand il pleure, apprend que c'est la meilleure façon d'obtenir votre attention. Donnez toujours à votre bébé un grand nombre de soins mais pas au moment même où il l'exige.

Maintenez entièrement la tête et le cou de votre bébé car ce secteur peut être sujet de tension depuis sa naissance.

Le bébé qui n'aime pas être câliné

Les bébés qui n'aiment pas être caressés se raidissent et s'arc-boutent vers l'arrière. Ils sont difficiles à tenir. Portez-les dos et tête contre votre ventre, ainsi peuvent-ils regarder par devant. Placez vos bras sous ses genoux pour l'aider à se détendre. Essayez de l'allonger au-dessus de vos jambes, visage vers le bas, caressez-le doucement en tapotant son dos.

Rassurez votre bébé

Quelques bébés sont particulièrement effrayés quand on les déplace ; dans le ventre, leurs mouvements étaient limités par la taille même de l'utérus de leur mère. Le simple fait d'être pris dans son lit ou soulevé jusqu'à votre poitrine effraye le bébé, aussi prenez du temps pour le rassurer quand vous le tenez. Il peut détester être tenu à bout de bras, aussi serrez-le étroitement. Bientôt vous pourrez faire d'avantage de mouvements avec lui, comme le tenir debout. Il appréciera et vous en récompensera par des risettes et des gazouillis que vous adorerez.

PRENDRE SOIN DE VOUS

Quand vous vous relevez en portant votre bébé, essayez de ne pas trop arquer votre dos. Vous trouverez vous-même un nouveau point d'équilibre avec ce poids supplémentaire. L'autre danger à éviter est de porter votre bébé sur la même hanche tout le temps. Pensez à changer de côté.

Bercer

Il y a trois raisons de bercer votre bébé : pour l'aider à dormir, pour l'amuser, et pour faciliter l'évacuation des gaz. Il existe un certain nombre de façons de le bercer ou de le calmer grâce au mouvement. Cela peut être de le porter dans une sangle ou de le mettre dans un porte-bébé, ou de le bercer dans une chaise, dans un berceau ou même de le promener en voiture.

Si votre bébé est calmé par le fait d'être tenu près de vous c'est qu'il sent votre mouvement. La meilleure chose à faire est donc de l'attacher à vous comme cela se fait chez les peuples indigènes.

Portez votre bébé

Il existe différents types de support que vous pouvez utiliser pour garder votre bébé avec vous dans vos déplacements. Certains placent le bébé face à vous, d'autres lui permettent de regarder au-dehors ce qui se passe. D'autres maintiennent le bébé tout droit, ce qui facilite l'évacuation des gaz.

Vos mains sont libres, ainsi si votre dos est solide, vous pouvez poursuivre toutes sortes d'activités tandis que vous portez votre bébé. La combinaison du bruit monotone de l'aspirateur, par exemple, et de vos mouvements le calmera au point de l'endormir en un rien de temps.

Les transats

Des bébés ont besoin d'être étendus à plat pendant les trois premiers mois, mais ils peuvent passer des petits moments dans des transats. Ce type de chaise permet des mouvements libres bien que cela prenne un moment pour que ceux-ci puissent être effectués. Au fur et à mesure que les muscles de votre bébé se développent, vous pouvez ajuster la position de la chaise de sorte qu'il puisse commencer de s'asseoir et puisse voir ce qui se passe autour de lui. Quand vous choisissez un transat, assurez-vous que les attaches externes sont bien amovibles afin d'éviter une stimulation excessive au moment du repos.

Rocking-chair

Le mouvement d'un rocking-chair est souvent plus lent, moins saccadé et plus doux qu'un transat. La plupart des bébés aiment ce mouvement de balancelle qui les pousse à s'endormir. Naturellement vous pouvez lui procurer ces mêmes sensations et les adoucir en tenant votre enfant dans vos bras tandis que vous le bercez dans une chaise à bascule. Vous pouvez aussi acheter un berceau à bascule où votre bébé pourra dormir.

Harnais

Les harnais s'accrochent habituellement dans l'encadrement d'une porte et peuvent être employés dès l'âge de trois à quatre mois, une fois que votre

Les garçons sont plus actifs, ils peuvent vouloir toucher, et goûter tout ce qu'ils approchent tandis que les filles tendent à préférer visages et stimulations visuelles.

bébé peut soutenir fermement sa tête. Ces harnais supportent le dos et le cou. De ce fait, votre enfant peut être balancé doucement d'avant en arrière.

La voiture

La plupart des bébés s'endorment facilement en voiture. Le bruit du moteur et la sensation du mouvement les détendent. Certains peuvent être gênés par la stimulation visuelle supplémentaire aussi placez une couverture sur la vitre.

Faire une promenade en voiture avec votre bébé peut être la meilleure manière de le calmer s'il est inconsolable. Mais faites-le seulement la nuit si vous vous sentez assez alerte. Si vous êtes trop fatiguée, ne prenez pas le risque d'avoir un accident.

Si votre bébé s'endort dans la voiture, il n'est pas garanti qu'il ne se réveille pas dès que vous arrivez à la maison. Mais pour la paix et la tranquillité, il est quand même bon d'essayer.

BERCER LES BÉBÉS QUI SOUFFRENT DE COLIQUES

Les bébés qui souffrent de coliques sont toujours en mouvement, car ils essayent de se débarrasser de la douleur qu'ils ressentent. Le mouvement permet de dissiper les gaz, mais votre bébé a également besoin d'être perché sur le haut de votre épaule, de sorte que son ventre soit contre vos muscles. Alternativement, il peut aimer se retrouver avec le ventre sur votre avant-bras et sur votre poitrine, et être basculé d'un côté à l'autre.

SURSTIMULATION

Les bébés peuvent être trop stimulés et tout de suite se réveiller et se mettre à crier. Bercer doucement votre bébé si cela le calme et le soulage.

Le bain

Les bébés n'ont pas besoin d'être baignés chaque jour mais le bain est un amusement et un plaisir. Votre bébé a été habitué à baigner dans un liquide chaud dans votre ventre, aussi pour la plupart d'entre eux, un bain est très apaisant.

Le bain peut détendre même de tout petits bébés. Assurez-vous que vous avez suffisamment de serviettes chaudes. Évitez les salles de bains avec des courants d'air.

Les bébés peuvent être baignés dans leur baignoire ou rejoindre leur père ou leur mère dans le bain. La plupart des bébés n'aiment pas être déshabillés, aussi soyez prête à faire face aux larmes. Ils finiront par s'habituer à cette sensation et la séance d'habillage ne sera plus une expérience éprouvante. Si votre bébé est effrayé par l'eau, vous pouvez choisir des serviettes nettoyantes (voir page 42) à la place.

La préparation de l'après-bain

Votre bébé ne peut pas régler sa température, aussi il est important de ne pas le laisser se refroidir après le bain. Assurez-vous que la salle de bains est chaude et qu'il n'y a pas de courant d'air. Ayez quelques serviettes douces à portée de main, pas simplement une, et si possible réchauffez-les sur un radiateur. Vous aurez besoin d'avoir une couche propre et des vêtements prêts afin de pouvoir habiller votre bébé doucement et assez rapidement.

Cela peut être une bonne idée d'étendre une grande serviette sur vos genoux pour vous protéger des éclaboussures mais aussi pour que votre bébé ait une surface douce à caresser quand vous le sortez du bain.

Utiliser une baignoire de bébé

Si la baignoire de votre bébé n'est pas assez haute, placez-la sur une surface non glissante. À la hauteur de votre hanche afin que cela soit suffisamment confortable pour votre dos. Le bain ne doit pas dépasser 10 centimètres de profondeur. Testez toujours l'eau avec votre coude ou un thermomètre. Elle ne doit pas être trop chaude et surtout ne pas dépasser 29 °C.

Déshabillez votre bébé en lui laissant sa couche et emmaillotez-le dans une serviette douce et chaude.

Essuyez doucement son visage avec un tissu doux. Puis occupez-vous de sa couche, nettoyez ses fesses avec un coton doux et chaud, maintenez la serviette enroulée autour de son buste. Déroulez-la serviette et soutenez-le avec une main sous ses hanches, et l'autre sous ses épaules. Laissez sa tête reposer dans le pli de votre bras tandis que vos doigts se placent sous son aisselle.

Essayez de mettre les pieds de votre bébé en premier dans le bain puis abaissez-le lentement dans l'eau, en soutenant sa tête et son dos.

Parlez ou chantez en le regardant pour le rassurer et prévenir ses cris. Donnez-lui des sourires d'encouragement en plaçant doucement ses pieds et ses jambes dans l'eau. Glissez votre main en dessous de ses hanches, le soutenant toujours avec votre autre bras.

Utilisez votre main libre pour l'éclabousser gentiment. Votre bébé n'a pas besoin d'être dans le bain pendant très longtemps. Et s'il est particulièrement perturbé durant ce dernier, sortez-le tout simplement. Enveloppez-le dans une serviette chaude et tamponnez-le doucement avant de l'habiller.

S'il apprécie le sentiment familier de l'eau tiède sur sa peau, il peut vouloir donner un coup de pied, aussi laissez-le jouer et apprécier ce moment.

Se baigner ensemble

Prendre un bain avec l'un de ses parents est agréable pour votre bébé et peut favoriser les contacts affectueux qui sont importants pour son développement. C'est également un bon choix, s'il n'aime pas l'eau, car il est susceptible d'être rassuré par le contact de votre peau. C'est une bonne idée d'avoir une personne présente quand vous vous baignez ensemble, afin qu'elle puisse sans risque vous passer votre bébé et le prendre avant que vous ne sortiez.

Placez un tapis de bain dans votre baignoire et remplissez-la avec de l'eau assez chaude juste à la hauteur de tous les deux. Testez l'eau avec votre coude ou un thermomètre pour vous assurer qu'elle ne dépasse pas 29 °C. Il n'est pas recommandé d'employer des huiles essentielles pendant ce type de bain car cela peut le rendre glissant.

En se baignant ensemble, vous devez garder votre bébé près de vous, cela provoquera en lui un sentiment de sécurité. Votre bébé aime habituellement sentir votre peau contre la sienne. Vous pourriez le tenir contre votre poitrine et votre ventre tandis que doucement vous tapotez son dos en chantonnant.

Quand il sera plus confiant, vous pourrez plier vos genoux et l'étendre contre vos cuisses avec ses jambes sur votre ventre, ainsi il pourra vous regarder. Ne restez pas dans le bain trop longtemps. S'il commence à s'ennuyer ou si l'eau refroidit, il est temps de sortir.

Les bébés n'ont pas vraiment besoin tous les jours d'un bain, un bain quotidien n'est donc pas nécessaire.

LES CRIS DURANT LE BAIN

Si votre bébé pleure pendant qu'il prend son bain, c'est qu'il se sent mal sécurisé. Il est donc bien de faire toutes sortes de murmures, de lui sourire et de roucouler. Faites courir vos doigts dans l'eau afin qu'il entende et qu'il voie les gouttes. Essayez de maintenir son attention dirigée sur l'eau et laissez-en tomber sur ses pieds et ses jambes.

S'il ne peut être diverti et s'il reste mécontent, sortez-le de l'eau, enveloppez-le dans une serviette et dorlotez-le afin de le rassurer. Tentez l'expérience quelques jours plus tard ou essayez la petite toilette pendant plusieurs semaines.

Soin des cheveux

Si votre bébé n'aime pas qu'on lui lave les cheveux, cela peut être une bonne idée de les laver séparément du reste de son corps, afin qu'il n'associe pas cette expérience déplaisante avec le moment de détente du bain.

Placez la baignoire de bébé dans un endroit sûr et versez un petit peu d'eau tiède à l'intérieur. Il n'est pas nécessaire d'utiliser du shampoing mais si vous le souhaitez, vous pouvez ajouter un petit peu d'eau de rose. Maintenez votre bébé debout et enveloppez-le dans une serviette. Tenez-le sur votre côté, en soutenant sa tête, son cou et ses épaules avec un bras. Puis lavez-le avec votre autre main. Étendez-le doucement au-dessus du bain et faites clapoter de l'eau sur sa tête et son cuir chevelu.

Maintenez-le au chaud dans une serviette en le tapotant doucement. Un brossage doux nettoie aussi très bien les cheveux.

Petite toilette

Pour le bébé qui est particulièrement effrayé ou déteste vraiment l'eau, utiliser une éponge est une bonne alternative au bain. La peau de votre bébé a la possibilité de s'autonettoyer, aussi la nettoyer avec une éponge est entièrement suffisant.

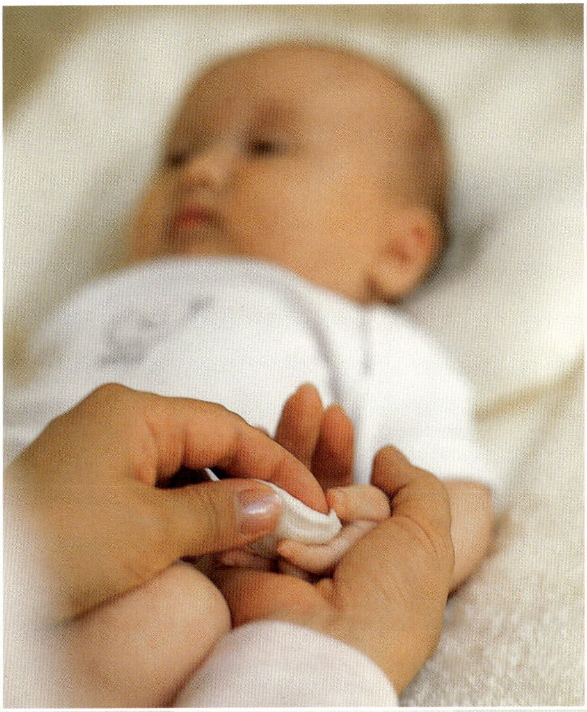

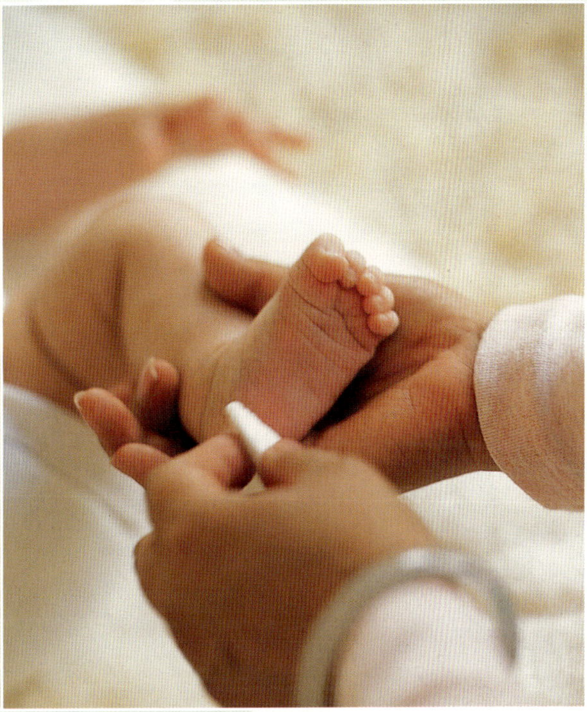

L'avantage de ce type de nettoyage est que votre bébé reste partiellement habillé tout le temps, ce qui peut aider s'il n'aime pas la sensation de l'air sur sa peau.

L'utilisation de lingettes peut être une solution pour un bébé qui n'aime pas le bain. Commencez par la tête et poursuivez à votre manière vers le bas.

La partie supérieure

Remplissez un bol avec de l'eau tiède, ayez une éponge prête à l'emploi. Enlevez les vêtements de la partie supérieure de son corps, parlez-lui en même temps. Vous n'avez pas besoin d'une éponge très humide. Essuyez doucement le buste de votre enfant, son cou et ses bras.

Tamponnez votre bébé avant de l'étendre sur votre bras puis tournez-le sur un tapis. Lavez son dos. Tamponnez-le et mettez ses vêtements avant de vous occuper de la partie inférieure.

La partie inférieure

Une fois habillé en haut et bien au sec, retirez ses chaussettes et avec une lingette, nettoyez ses pieds surtout entre les orteils où les poussières peuvent se loger. Mettez-lui des chaussettes propres et retirez le reste des vêtements. Si votre bébé est sur vos genoux vous pouvez être assurée qu'il fera pipi, mais cela n'a pas d'importance s'il se trouve sur une serviette.

Essuyez délicatement ses jambes et finissez par de petits tamponnements. Redressez votre bébé, donnez-lui de nombreux baisers et câlinez-le pour avoir été si gentil.

Les couches

Vous vous apercevrez que vous changez votre bébé dix fois par jour, alors assurez-vous de chanter ou de parler pour rendre ce moment agréable. Préparez-vous aussi à avoir tout ce dont vous avez besoin à portée de la main afin de pouvoir le changer rapidement de façon à ce que sa peau ne soit pas exposée à l'air.

Couches jetables ou réutilisables ?

Il existe deux principaux types de couches : jetables ou réutilisables. Les couches réutilisables en tissu demandent beaucoup de temps pour le rinçage et le lavage à haute température mais elles demeurent bien meilleur marché que les jetables en cellulose. Elles sont également plus saines du point de vue écologique que celles qui ne sont pas biodégradables, même si vous employez du détergent et de l'électricité pour les laver et les sécher.

Les couches jetables sont plus pratiques et faciles à utiliser que les couches en tissu, car elles n'ont pas besoin d'être nettoyées. Elles sont plus chères que les couches réutilisables et la plupart ne sont pas écologiques car non biodégradables.

Quand dois-je changer mon bébé ?

Il n'y a pas de moment idéal pour changer la couche de votre bébé mais en règle générale vous devriez changer souvent de couches (toutes les deux heures de jour et moins souvent la nuit). Quelques bébés à la peau sensible ont besoin que leurs couches soient changées dès qu'elles sont humides. D'autres peuvent être changés après avoir tété.

De nombreux bébés n'apprécient pas d'avoir la peau exposée à l'air pendant un certain temps. Ayez donc tout à portée de main pour le changer rapidement.

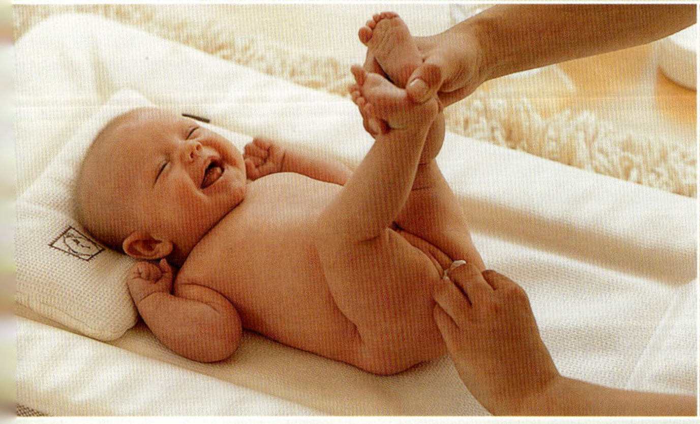

Être prête

Quand vous donnez le bain, vous devez avoir tout préparé avant de le déshabiller et de lui changer sa couche. Il est nécessaire d'avoir une pile de couches, du coton, une cuvette d'eau chaude, une serviette douce, un tapis de bain et des couches. Vous pouvez le changer sur le tapis de bain ou sur une serviette à même le sol. Si vous utilisez une table, gardez une main sur votre bébé à tout moment. Une fois confiante, vous pourrez le changer sur vos genoux.

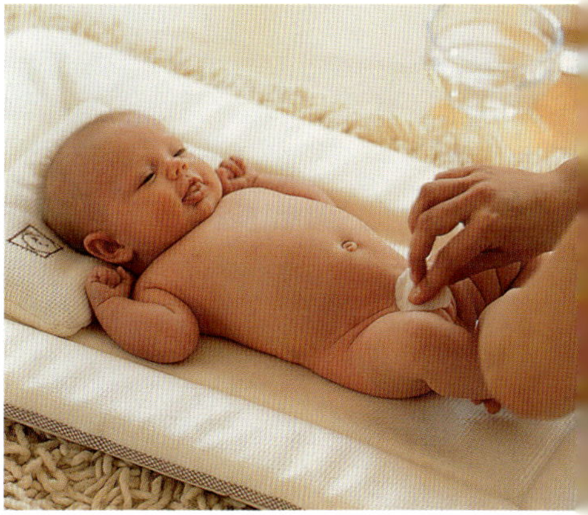

Utilisez un tampon de coton doux et tiède pour nettoyer les zones des couches. Déposez votre enfant sur un tapis sec et propre.

Changer les couches

Toujours se laver les mains avant et après avoir mis une couche. Utilisez le devant de la couche pour nettoyer la majeure partie des dégâts. Roulez la serviette et mettez-la de côté. Puis, en tenant doucement les jambes de votre bébé vers le haut, utilisez de la ouate et de l'eau chaude pour le nettoyer complètement et soigneusement. Avec les filles, essuyez de l'avant à l'arrière afin de protéger le vagin des germes. Nettoyez les garçons autour du pénis et des testicules. Tapotez la peau bien séchée de votre bébé avec de la ouate ou une serviette avant de mettre une couche propre.

Vérification du contenu d'une couche

C'est une bonne idée de vérifier le contenu de la couche de votre enfant. Le nombre de selles de votre bébé, et ce à quoi elles ressemblent, révèlent comment il est nourri ou allaité. L'aspect des selles varie si votre bébé est élevé au biberon ou allaité.

Éruptions provoquées par les couches

Le problème des éruptions cutanées est une plainte courante. Ce phénomène est provoqué, quand la peau d'un enfant est infectée, par l'urine contenue dans ses couches humides réagissant avec les bactéries des selles. Pour prévenir ce phénomène, assurez-vous de changer régulièrement ses couches. Laissez l'air circuler au maximum entre ses jambes notamment après lui avoir donné un bain ou avoir retiré une de ses couches. Laissez-le jouer librement sans couches.

Les couches

Si vous utilisez des couches jetables ou réutilisables, videz toujours le contenu dans les toilettes. Avec les couches réutilisables, les selles peuvent être éliminées, mais ne jetez jamais les couches en cellulose au fond des toilettes. Des couches réutilisables doivent être mises à tremper dans un seau et les couches jetables dans un sac poubelle.

ÊTRE PROCHE

Souvenez-vous de parler, de chanter, quand vous changez ses couches, faites-en un moment d'amour plutôt qu'une simple corvée. Changer les couches peut être une bonne occasion pour masser votre bébé. Une fois qu'il est nettoyé, déposez-le sur une couverture propre, massez-lui les pieds, les jambes ou le ventre, en suivant les instructions données pages 77-79 et 86-93.

L'habillement

Quand on habille des bébés, c'est avant tout pour qu'ils soient à l'aise, au chaud ou au frais selon le temps. C'est aussi choisir des vêtements qui rendent la vie plus simple, qui se lavent aisément et qui sont faciles à mettre ou à retirer. Car le plus souvent les enfants détestent être habillés.

Choisissez des vêtements en fibres naturelles, faciles à retirer, ils permettront à la peau de votre bébé de respirer.

Le choix des vêtements

Qu'un bébé soit au chaud, bien à l'aise, est de la plus grande importance. Il faut donc choisir des vêtements doux, fabriqués à partir de fibres naturelles comme le coton qui permet à l'air de circuler. Les vêtements doivent laisser une liberté de mouvement à votre enfant tout en le laissant respirer. Les fibres synthétiques échauffent le corps et provoquent une sensation d'inconfort chez votre enfant. Pour des raisons pratiques, assurez-vous que tous les vêtements sont lavables en machine et faciles à mettre. Les attaches devant sont commodes à utiliser. Quant aux grenouillères, c'est un bon choix car elles sont pratiques à enfiler et à retirer, si votre enfant a trop chaud.

Lui mettre des vêtements superposables est le meilleur moyen de réguler sa température. Une veste sur une grenouillère peut être facilement enlevée, s'il a trop chaud. Quand vous rentrez ou sortez, c'est une bonne idée d'emporter un tissu léger de coton ou une couverture en laine qui puisse être mise ou enlevée si nécessaire. Comme la chaleur du corps diminue par la tête il est nécessaire de mettre un bonnet au bébé.

Les bébés devraient aussi porter des bobs pour les protéger du soleil tandis qu'un léger tissu de coton, qui les envelopperait, permettrait de maintenir ainsi leur température en période de chaleur fluctuante. Souvenez-vous que les enfants ne doivent pas être exposés aux rayons du soleil.

Les pleurs au moment de l'habillage

Les bébés pleurent souvent quand on les habille ou les déshabille. C'est simplement dû au fait qu'ils n'aiment pas les interruptions que provoquent les habillages. De plus, ils détestent la sensation de l'air sur leur peau. Mais ne vous en faites pas, ils vont s'habituer à cette sensation et commenceront à éprouver le plaisir d'être nus. Toutefois, faites attention aux cris et aux pleurs de votre bébé. Dans certains cas, cela peut indiquer un problème dans une partie de son corps. Vous devez, alors, montrer votre enfant à un médecin.

Si les cris sont violents, si son corps est raide et rigide, il n'y a pas de solution intermédiaire. Conservez un visage souriant, parlez et essayez de

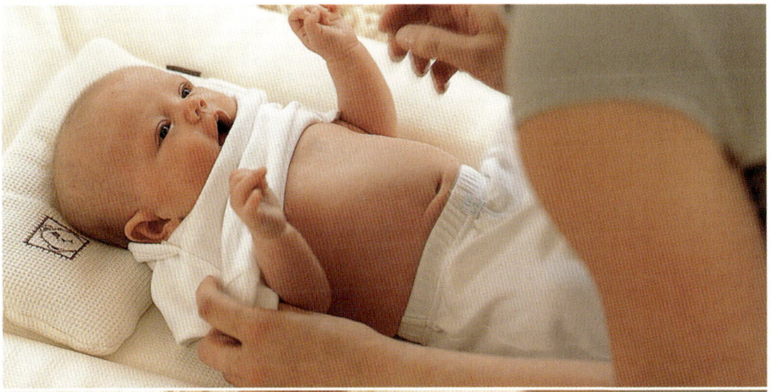

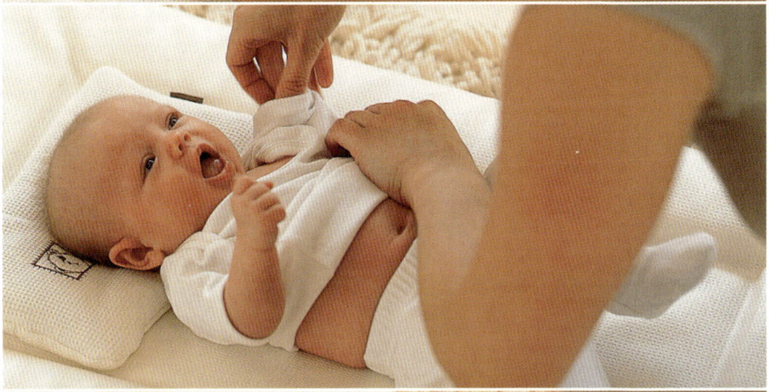

Quand vous l'habillez et le déshabillez, maintenez le contact des yeux avec votre bébé. Ne cessez pas de lui parler.

dessus. Touchez-le affectueusement tout en le regardant pendant que vous l'habillez ou le déshabillez. Ces attitudes le distrairont et lui procureront un sentiment de sécurité. Redressez-le et faites-lui un câlin ou essayez de l'asseoir sur vos genoux, avec le temps et la pratique tout cela deviendra facile.

Souvenez-vous qu'il est parfaitement normal pour un enfant de crier pendant que vous l'habillez. Essayez donc de ne pas en souffrir. Sachez que l'habillage ne sera pas toujours un problème.

QUAND L'HABILLER ET QUAND NE PAS L'HABILLER

- N'essayez pas d'habiller votre bébé après la tétée.
- Prenez votre bébé et donnez-lui une caresse s'il devient anxieux.
- Ne vous hâtez pas.
- Laissez sans restriction votre bébé donner des coups de pied quand vous le langez.
- N'achetez pas des dentelles dans lesquelles il peut se prendre les doigts.
- Vérifiez les boutons qui peuvent tomber.

OÙ L'HABILLER

Habillez toujours votre bébé dans une pièce chaude, loin des courants d'air. Assurez-vous que ses vêtements et ses couches sont prêts et si vous le changez sur une table, assurez-vous de bien maintenir, tout le temps, votre main sur lui. Une peau de mouton naturelle constitue un très bon tapis pour l'étendre car c'est chaud et doux. Votre bébé n'est pas en mesure de réguler seul sa température, il peut, de ce fait, attraper froid très rapidement s'il est sans vêtement. La peau de mouton est rafraîchissante en été, de plus elle est facile à nettoyer.

Le sommeil

Vous pouvez être profondément étonnée par le temps qu'un nouveau-né passe à dormir, d'autant que ce n'est pas toujours au moment où vous le souhaitez. Les parents ont besoin de s'adapter aux habitudes de leur nouveau-né, jusqu'à ce que ce dernier commence à faire la différence entre la nuit et le jour.

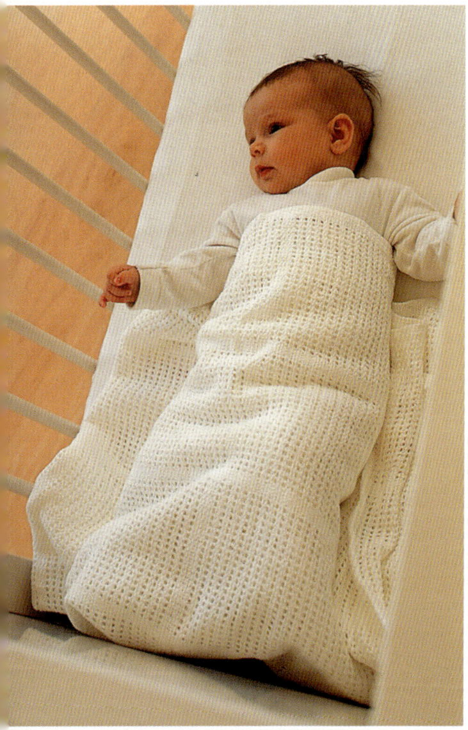

Parfois votre bébé peut ne pas pouvoir dormir car il a soit trop chaud ou soit trop froid. Veillez à adapter ses couvertures.

Les habitudes

Votre bébé n'a pas nécessairement besoin chaque jour du même temps de sommeil. S'il y a beaucoup de mouvement autour de lui, il se peut qu'il soit excité et très éveillé. Votre bébé s'adapte. Toutefois, les habitudes sont importantes et il est nécessaire de lui faire comprendre la différence entre le jour et la nuit. Le sommeil peut subir des altérations occasionnelles. Vous serez plus épanouie et plus détendue si vous n'êtes pas tout le temps en train de surveiller l'heure.

Assurez-vous que ces nouvelles habitudes vous conviennent à vous et à votre famille. Si votre compagnon rentre tard à la maison alors que c'est presque l'heure de mettre votre bébé au lit, cela l'excitera, ce qui n'est pas très favorable pour le préparer au sommeil. Insérez dans vos habitudes un moment, ou un temps consacré aux jeux, suivi par un moment de calme.

Pourquoi mon bébé ne dort pas ?

Il existe un certain nombre de raisons pour lesquelles un bébé n'a pas un bon sommeil la nuit ou le jour. Les nouveau-nés n'ont pas la capacité de réguler la température de leur corps pendant les premiers mois, ils peuvent ainsi avoir trop chaud ou trop froid. Prenez sa température avec votre paume sur son cou ou avec un thermomètre puis retirez ou ajoutez des couvertures si nécessaire. Certaines fois, sa peau peut être sèche et irritée, c'est en partie dû au fait qu'il ne peut réguler sa température. Les bébés prématurés ont une peau beaucoup plus sensible tandis que les bébés nés après terme auront une peau plus ridée et plus sèche. Dans les deux cas, un massage avec des huiles naturelles pures humidifiera, nourrira et adoucira la peau.

Les nourritures épicées qui sont délicieuses peuvent provoquer des ravages sur les fonctions de son système digestif si vous allaitez votre enfant. Les muscles du système digestif mettent trois mois à se développer, ce qui peut expliquer la mystérieuse disparition des coliques après ce laps de temps.

Parfois votre bébé ne se sent pas rassuré. Une étreinte affectueuse, accompagnée de mots doux et de câlins peut redonner à votre bébé un sentiment de sécurité.

Quand votre bébé a besoin d'être nourri toutes les heures, il vaut mieux le laisser dormir avec vous.

Aider votre bébé à s'endormir

Peut-être que votre bébé est distrait par des bruits intéressants venus de l'extérieur ou bien est-il stimulé par un mobile de couleur qui se trouve au-dessus du lit ? Enlevez toutes les distractions et mettez une musique de fond. Cela noiera également tous les autres bruits intempestifs venus de l'extérieur. Comme la télévision excite, elle ne devrait pas être allumée quand on veut endormir un bébé.

Il peut être aussi simplement affamé. Même si vous venez de lui donner la tétée, il n'y a aucune contre-indication à recommencer. Souvenez-vous que la caféine passe à travers votre lait, ce qui favorise les insomnies. Elle est aussi présente dans les boissons à base de cola, dans le thé, le café, le chocolat mais aussi dans certains assaisonnements.

Si vous allaitez, vous pouvez laisser dormir votre enfant avec vous dans votre lit. Une fois que vous l'avez nourri et câliné, vous pouvez le remettre dans son lit. Vous vous rendrez compte que même une fois endormie, vous pouvez anticiper ses besoins. Il suffit d'un tout petit pleur pour vous réveiller. Ne vous inquiétez pas, ces habitudes peuvent cesser ultérieurement et le besoin d'être nourri deviendra moins fréquent. Il est très peu probable que vous rouliez sur lui comme certaines personnes le craignent mais il vaut mieux mettre une barrière de protection pour l'empêcher de tomber. Par contre, vous ne devez pas le prendre dans votre lit si vous ou votre compagnon avez bu de l'alcool, fumé, pris des drogues ou simplement êtes très fatigués.

LE SOMMEIL DE LA MÈRE

Vous avez besoin de dormir au moment où votre bébé dort. S'il fait un petit somme, faites de même. Ne profitez pas du sommeil de votre enfant pour vaquer à des tâches ménagères. Le ménage peut attendre et il peut être éventuellement fait avec votre bébé qui est réveillé, vous pouvez le porter alors dans une sangle. Plus vous serez détendue, plus votre bébé sera content.

La chambre d'enfant

La chambre d'enfant devrait être un havre confortable, avec une atmosphère de paix propice au calme. Si vous faites peindre la chambre pour le futur bébé, songez aux couleurs que vous aimez et que vous trouvez apaisantes. Cela vous aidera à créer une chambre tranquille dans laquelle votre enfant aimera dormir.

Les couleurs douces et paisibles dans la chambre d'enfant favoriseront la relaxation et le sommeil. Une pièce dépouillée permettra à votre bébé de ne pas être maintenu éveillé et distrait par la stimulation visuelle.

Créer un environnement favorable

Si votre bébé à sa propre chambre, faites-en un espace confortable avec une atmosphère apaisante et dépouillée. Cette chambre doit être propre, chaude, mais pas trop. Elle doit être aérée quotidiennement. Ouvrez les fenêtres quand votre bébé n'y est pas. Placez le lit loin des courants d'air et maintenez une lumière douce.

Choisir les couleurs

De nombreux parents choisissent des couleurs pastel, douces pour décorer les murs de la chambre d'enfant. Il y a une raison à cela, les couleurs brillantes sont stimulantes et plus adaptées à la pièce dans laquelle votre enfant sera éveillé et où il jouera également. (Pour en savoir plus sur les façons dont les couleurs peuvent affecter l'humeur voir la page suivante.)

Un mobilier naturel

Plus l'atmosphère de la chambre de votre enfant est naturelle, plus il aura de facilité à s'y sentir détendu. Évitez les matériaux synthétiques qui dégagent des vapeurs pernicieuses ainsi que de l'électricité statique qui pourrait compromettre la santé de votre enfant. Vérifiez la nature des matériaux utilisés dans les lits, les rideaux, les tapis, les couvertures et les coussins. Remplacez les fibres synthétiques par du coton ou du lin.

Le calme et la tranquillité

Les bruits intempestifs peuvent faire tressaillir les bébés tandis que des bruits réguliers deviennent familiers et les aident à se sentir rassurés. Il faut se rappeler que c'était assez bruyant dans votre ventre.

Des sons particuliers comme un sifflotement ou une chanson douce rassurent votre enfant. Il existe de nombreuses cassettes et des CD qui préparent à la relaxation et au sommeil. Ces disques sont composés à partir d'un certain type de rythme qui favorise un état de rêve. Ils sont particulièrement destinés à être mis en musique de fond.

Apaisantes et calmantes, les huiles antiseptiques de lavande créent une atmosphère de détente.

Un cristal capteur de soleil placé devant la vitre de la chambre d'enfant crée un magnifique arc-en-ciel sur le plafond et le sol.

L'aromathérapie

Les deux huiles les plus recommandées pour les bébés sont la lavande et la camomille romaine. Ajoutez une goutte d'huile dans un petit bol d'eau placé sur un radiateur ou dans un récipient rempli d'eau chaude posé sur le sol. L'arôme relaxera votre bébé et il commencera d'associer ces fragrances avec l'heure du sommeil. Ne placez jamais le bol d'eau près de la tête de votre bébé ou à sa proximité.

L'utilisation de cristaux

Un très beau cristal naturel tout en étant très décoratif peut aider à équilibrer les énergies. Le quartz rose symbolise l'amour. Il est particulièrement recommandé pour les bébés et les enfants. On dit qu'il apaise les peurs. Le rose est aussi associé au cœur et à l'amitié. Il peut aider à créer un espace doux et joyeux.

C'est comme si vous aviez placé un capteur de lumière solaire sur la fenêtre de sa chambre. Cette magnifique pièce de cristal multi-facettes capte la lumière et projette des faisceaux de couleurs sur le mur et sur le plafond de la pièce. Si vous le suspendez à un crochet vous pouvez doucement le tourner de sorte que des tonalités différentes soient diffusées autour de la pièce. Cela crée un effet magique qui augmente la concentration et les sensations de bien-être de votre bébé.

Certains parents placent une lampe faite de cristaux comme lampe de chevet dans la chambre de leur enfant. Cela émet une lueur rose orange et les ions négatifs émis par la lampe aident à neutraliser les ions positifs nocifs générés par l'équipement électrique de la maison.

LA CHROMOTHÉRAPIE

Certains thérapeutes attribuent différentes propriétés aux couleurs :

- LE BLEU est associé à la sérénité, à la paix et à la vérité. Il calme les champs électromagnétiques autour du corps.
- LE VERT est harmonieux et apaisant, il est considéré comme une couleur importante pour le système nerveux, la tonalité et le calme du cerveau, du corps et de l'esprit.
- LE ROSE calme l'esprit et a un effet positif pour soigner les difficultés relationnelles ou les problèmes de communication. Utiliser une ampoule rose pour la lampe de chevet est recommandé pour combattre les insomnies chez les adultes.
- LE LILAS aide à la relaxation. C'est une couleur considérée comme créative qui favorise les instincts intuitifs et naturels.

Nourrir

Un bébé peut satisfaire tous ses besoins alimentaires uniquement grâce au lait pendant les six premiers mois. Le lait maternel est ce qu'il y a de mieux, mais toutes les nouvelles mères ne trouvent pas facile ou possible d'allaiter. Souvenez-vous que si vous avez des problèmes pour allaiter vous pouvez tirer votre lait de vos seins et nourrir votre bébé à partir d'un biberon rempli de ce lait.

Les vêtements de votre bébé peuvent être protégés par des bavoirs. Les bébés ont tendance à rejeter du lait après avoir tété.

L'allaitement

Le lait maternel est parfaitement adapté pour le bébé. Il contient tous les nutriments dont il a besoin, il est riche en anticorps qui protègent contre les infections et contient de hauts niveaux de DHA nécessaires au développement du cerveau, il contient aussi des minéraux indispensables pour avoir des muscles en bon état, des protéines nécessaires à la croissance et des vitamines solubles facilement absorbées. Les bébés absorbent le lait maternel bien mieux que le lait maternisé, et profitent plus de sa valeur nutritive.

S'accrocher

Certains bébés ouvrent la bouche naturellement, trouvent le mamelon et tètent. Pour d'autres mères, allaiter est plus difficile et peut demander de la pratique et de la persévérance. Donnez-vous du temps pour vous détendre et faites confiance à votre instinct. Quand l'allaitement se passe bien c'est d'une grande aide pour se rapprocher affectivement.

L'allaitement est plus facile si vous placez votre bébé sur votre poitrine quelques minutes après lui avoir donné naissance. Votre enfant peut avoir besoin d'un peu d'aide pour apprendre à téter surtout s'il est prématuré. Encouragez-le à attraper le mamelon, surtout l'aréole (la partie brune) si possible. Vous pouvez essayer d'extraire un peu de lait et de le guider vers le mamelon tout en le lui faisant sentir.

Entre trois et cinq jours après l'accouchement, le colostrum qui fournit à votre bébé tous les nutriments et anticorps qui préviennent les infections est remplacé par le lait. Votre production de lait est stimulée par la manière de téter de votre bébé, aussi plus vous allaitez plus votre lait est abondant. Vous devriez laisser téter votre bébé sur le premier sein aussi longtemps qu'il le veut, afin de vous assurer qu'il reçoive à la fois le lait dilué désaltérant et le lait plus riche en crème.

Le biberon

Pour certaines femmes, l'allaitement ne peut être envisagé. Si vous nourrissez votre enfant au biberon, il existe de nombreuses variétés de lait, cela implique des laits issus de l'agriculture bio qui sont ce qu'il y a de

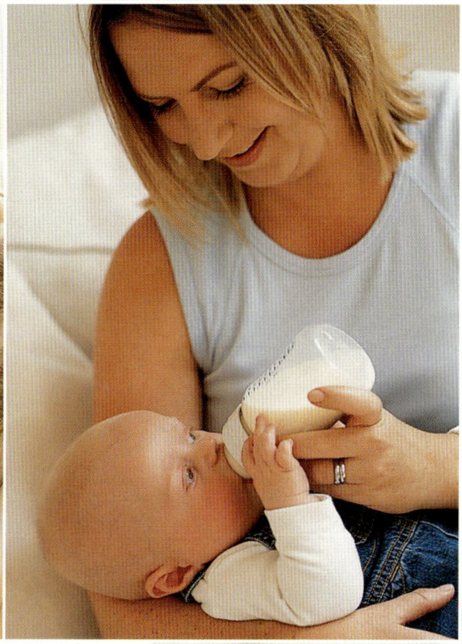

Quelle que soit la façon dont vous nourrissez votre enfant, en l'allaitant ou en lui donnant le biberon, assurez-vous d'être dans une position confortable qui vous permet tous deux de vous sentir proches.

mieux. Si votre bébé est prématuré, consultez votre médecin pour savoir quelle est la meilleure solution pour un système digestif qui n'est pas encore développé.

Lisez toujours la composition du lait. Il n'est pas nécessaire qu'il y ait du sucre et du glucose. Le lait doit contenir du manganèse, du chrome et du sélénium, et beaucoup de zinc, des vitamines et autres sels minéraux.

Quand vous nourrissez au biberon votre bébé, c'est une bonne idée de lui donner de l'eau. Quelquefois, il peut avoir simplement soif sans pour autant avoir faim.

Les renvois

Les bébés toussent et crachent (rejetant un peu de lait) et avalent de l'air pendant la tétée. Roter est une façon pour votre bébé de rejeter l'air avalé lorsqu'il pleure ou tète. Ceci pourrait provoquer des malaises s'il ne le faisait pas. Tous les bébés n'ont pas cet avantage, n'essayez donc pas de faire roter votre bébé à chaque fois qu'il a tété, si cela ne semble pas l'aider.

Si vous pensez que votre bébé a avalé beaucoup d'air, la meilleure façon de lui faire faire un renvoi est de le mettre contre votre épaule. Mettez une serviette dessus pour protéger vos vêtements puis tapotez doucement son dos. Alternativement, vous pouvez essayer de l'asseoir sur vos genoux, le penchant légèrement en avant. Un petit mouvement de frottement est bien pour renforcer le tapotement. Certains bébés n'ont pas autant de renvois que d'autres, aussi n'est-il pas nécessaire d'attendre pendant des heures la venue du rot.

RENDEZ VOTRE LAIT MEILLEUR

La qualité du lait maternel dépend de la façon dont la maman se nourrit. Voici quelques conseils pour vous assurer de donner à votre bébé le meilleur lait possible.

- Évitez de faire des efforts avant de nourrir votre enfant, cela pourrait altérer le goût de votre lait.
- Retrouvez de l'énergie grâce à trois repas corrects par jour qui permettront à votre bébé de gagner du poids. Choisissez autant que possible des produits bio.
- Buvez de l'eau. Votre bébé boira grâce à votre hydratation un litre et demi par jour. Il faut donc que vous buviez au moins trois litres d'eau quotidiennement.
- Si votre bébé n'est pas satisfait par votre lait, mangez un peu plus de protéines. Il n'est pas nécessaire que ce soit sous forme de fromage ou de viande. Essayez le soja, les céréales complètes, les légumineuses, les haricots, le riz, les graines ou le poisson.
- Ne prenez pas de caféine ou de nourriture épicée avant l'allaitement du soir. Comme ce que vous mangez passe à travers votre lait, cela peut exciter votre bébé et l'empêcher de dormir.

L'odorat et le goût

L'odorat et le goût sont connectés l'un à l'autre. Ils sont reliés aussi à la mémoire. Cette mémoire commune commence dans le ventre de la mère. Au bout de vingt-quatre semaines, votre bébé absorbera les odeurs et les saveurs à travers le liquide amniotique. Une fois né, votre odeur corporelle le réconfortera.

Quand c'est possible tirez votre propre lait et remplissez-en le biberon.

L'odeur et la mémoire

Dès le moment où il vient au monde, votre bébé reçoit des informations sur son environnement grâce à son sens de l'odorat. Il est très sensible à un large éventail d'odeurs. Moins d'une heure après sa naissance, il reconnaîtra et localisera votre mamelon en raison de l'odeur de votre lait. Cette odeur restera dans sa mémoire et lui permettra de survivre. À deux semaines, il peut distinguer entre votre lait et celui d'une autre mère.

Les odeurs rassurantes

Votre propre corps envoie des messages de confort et de protection à votre bébé, tandis que son odeur naturelle stimule votre production de lait. C'est une puissante motivation pour l'attachement. Pour la plupart des bébés, notamment pour ceux qui sont nourris au biberon, qui n'ont pas l'expérience du sein, l'odeur autour du cou est un fort lieu d'identification. Avec cela à l'esprit, vous devriez éviter de porter des parfums forts ou des après-rasage qui peuvent entraîner une confusion et une désensibilisation. Votre bébé peut s'attacher à l'odeur de choses familières et rassurantes, il préfère même qu'elles ne soient pas lavées. Il peut apprécier d'avoir de tels objets placés juste à côté de lui quand il ne se sent pas rassuré.

Goût et mémoire

Le sens du goût est fortement développé à la naissance. Votre bébé préférera un goût assez doux. Votre lait a un goût très doux, ce qui poussera votre enfant à téter. L'aversion envers les goûts aigres ou amers est une manière de distinguer les substances toxiques.

Les premiers aliments

Les besoins nutritionnels de votre enfant sont parfaitement satisfaits les six premiers mois. Vous constaterez bientôt qu'il a toujours faim après avoir pris le sein, qu'il demande plus de lait ou qu'il commence à se réveiller la nuit pour réclamer plus de nourriture. Ces signaux indiquent qu'il est temps d'introduire des aliments et de le sevrer.

Les bébés semblent aimer l'odeur de vanille et de banane. Les deux sont douces comme du lait maternel.

PRÉPAREZ LES PURÉES

La meilleure façon de vous assurer que la nourriture de votre bébé ne contient pas de sel ou de sucre ajouté, c'est de la préparer vous-même. Les légumes bio cuits à la vapeur dans leur peau sont nettement meilleurs que les purées et les légumes épluchés. Mais les bébés qui ont juste commencé d'être sevrés n'aiment pas les gros morceaux.

Les purées de légumes et les purées de fruit bio constituent de très bons aliments de sevrage. Ces nouveaux goûts devraient être introduits chacun individuellement. Pour ce faire vous ne devez pas essayer de le remplir mais de développer son sens du goût. Essayez de lui offrir une cuillère à café de purée de carottes ou de banane entre des prises de lait. Donnez-lui les mêmes aliments plusieurs jours consécutifs afin de voir s'il n'a pas d'allergie. Vous pouvez ajouter une odeur familière pour encourager son goût en ajoutant juste un peu de lait maternel au mélange. Introduisez toujours les nouveaux aliments seuls avant de mélanger ces différentes saveurs ensemble.

Même si votre enfant aime le goût doux du lait, n'ajoutez pas du sucre ou du miel à sa nourriture. Ce n'est pas nécessaire, de plus il serait encouragé à aimer le sucré. C'est la même chose pour le sel que vous ne devriez jamais ajouter aux aliments que vous préparez pour votre enfant. De plus, quand les aliments solides apparaîtront, votre bébé préférera les saveurs douces. Il est bien de ne pas le bombarder de nouvelles saveurs.

LES REFUS

Si votre bébé commence à s'étouffer, regardez à l'intérieur de sa bouche et si vous pouvez voir, essayez de dégager les obstructions avec votre doigt tout en tapotant doucement son dos. Si l'objet n'est pas visible ou s'il ne peut être atteint, étendez votre bébé sur votre bras vers le bas avec sa tête soutenue par votre main. Tapotez gentiment son dos jusqu'à ce que l'obstruction soit éliminée.

La vue

Les bébés peuvent voir à 20 ou 25 cm quand ils naissent, mais leur foyer visuel n'est pas très clair. La couleur des yeux de votre enfant changera progressivement ainsi que son aptitude à distinguer les couleurs. Il est capable de voir en couleur à la naissance, mais il verra mieux le noir et le blanc ou les couleurs fortes et contrastées au début.

DÉVELOPPER SA CONSCIENCE VISUELLE

Vous pouvez aider à développer la vue de votre bébé en plaçant un mobile au-dessus de son lit. Posez des images en noir et blanc ou en couleurs et très contrastées qu'il puisse les voir, mais pas trop près pour qu'il ne puisse les saisir. Si vous pensez que votre bébé a des perceptions visuelles développées, faites en sorte qu'il puisse dormir à l'abri de ce qui peut faire diversion et que son lit ne soit pas trop entouré d'objets.

Être proche

Le foyer visuel du bébé n'est pas encore développé. Mais il peut vous voir et s'accrocher à votre regard tandis que vous le câlinez. L'une des plus jolies choses que votre bébé et vous-même puissiez faire est de passer du temps dans une exploration des yeux. Des flots de sensations profondes, d'amour et de protection traverseront votre corps. C'est une formidable expérience pour tous les deux de vous regarder alternativement et de vous tenir en vous rapprochant de votre bébé, peau contre votre peau.

Les garçons et les filles

Les petites filles à la naissance répondent beaucoup plus aux stimuli visuels que les garçons. Une fille sera fascinée par vos mimiques et plus rapidement apaisée par la vue de votre visage. Les garçons sont stimulés après un certain temps. Vous pouvez peut-être calmer les pleurs de votre petite fille par des grimaces mais chez les garçons cela ne peut que provoquer une accalmie provisoire. Il faudra trouver autre chose pour le calmer.

Jouer

Dès le second mois votre nouveau-né utilisera beaucoup plus sa vue. Il commencera à vous suivre des yeux et il sera beaucoup plus fasciné par votre visage et vos expressions. Il sera intrigué par les mobiles et par les jouets que vous balancerez près de ses yeux ou de ses mains. Comme il aura plus de force dans les bras il essaiera de toucher les objets.

À partir de deux mois il commencera de s'amuser beaucoup de simples jeux comme celui de vous cacher les yeux derrière les mains. Quand vous soufflez sur lui ou tirez votre langue, c'est également une forme de plaisir interactif. Ces jeux ne sont pas seulement drôles pour vous, ils stimulent la conscience et les muscles des yeux du bébé. À mesure que le contrôle de ses yeux se fait, il développe sa curiosité, son équilibre, sa coordination et son langage.

Jouer à des jeux visuels avec votre bébé peut l'aider à développer avec vous des liens très forts ainsi qu'à exercer les muscles de ses yeux.

Le bébé visuellement stimulé

Un sens peut être plus dominant qu'un autre. Un bébé très éveillé qui regarde toujours autour de lui et qui est énervé s'il ne parvient pas à vous voir ou à voir un objet précis sera plus stimulé qu'un bébé immobile qui regarde dans le vague pendant des heures. Il apprendra mieux en regardant activement comment les choses sont faites. Il voudra regarder tout ce qui s'offre à sa vue et inspecter comment les choses sont faites pendant un certain laps de temps. Il peut être nécessaire d'étendre un voile sur son lit, son landau, sa poussette ou sur le siège de la voiture pour arrêter la lumière et les ombres venues du dehors. Trop de choses à regarder peuvent le rendre nerveux surtout quand il est fatigué et qu'il ne peut fermer les yeux.

Entraîner les muscles des yeux

Plus votre enfant grandira plus il deviendra capable de suivre les mouvements de votre main. Si vous remarquiez des problèmes oculaires tels que l'absence de synchronie des deux yeux ou un phénomène de strabisme vous pourriez essayer les exercices oculaires spécifiques de rééducation des yeux. Ceux-ci ont pour but de reconstituer les fonctions normales des yeux. La vue peut également être améliorée avec les mouvements coordonnés du corps comme ceux que l'on trouve dans d'autres méthodes de gymnastiques.

L'ouïe

Le premier sens entièrement développé chez un bébé est l'ouïe. Le son et la sensation de votre voix auront le pouvoir de le relaxer et de l'inspirer. Discutez avec lui quand vous faites le ménage, dites-lui ce que vous êtes en train de faire, chantez et répétez des rythmes afin de l'inciter à vous imiter verbalement.

Ce bol musical tibétain produit simultanément une gamme complète des notes. C'est une bonne manière de communiquer avec un bébé qui est sourd. Il sentira les notes résonner.

Votre bébé a été habitué à entendre des sons et des paroles quand il était à l'intérieur de votre ventre. Même s'il ne comprenait pas le sens des mots, il pouvait sentir vos réactions : dures, fortes, apaisantes, tendres, amoureuses ou banales. Il s'est construit une conscience subconsciente de telle sorte que ces sons provoquent des changements chimiques à l'origine des sentiments de bien-être ou de mal-être. Vous pouvez également le calmer et vous rapprocher de votre bébé en utilisant des sons qui sont bons pour lui.

Donner le ton

Les bébés semblent préférer les tons élevés ou doux. Ils sentent aussi si vous êtes contrariée ne serait-ce qu'à une intonation de la voix. Si vous êtes stressée, il vaut mieux rester silencieuse et tenir votre bébé affectueusement au lieu de lui parler.

Les répétitions

Vous pouvez aider au développement du lobe temporal dont dépendent l'ouïe et la parole en répétant toutes sortes de sons. De constantes répétitions aident les enfants à comprendre que les mots signifient quelque chose et sont reliés aux objets ou aux personnes.

La différence des sexes

L'ouïe est différente chez les garçons et les filles. Généralement les garçons ont à la naissance une ouïe moins développée que les filles et ils ne semblent pas pouvoir localiser la source d'un son tandis que les filles peuvent le faire. Cela signifie que n'importe quel son doux que vous émettez à l'adresse de votre fils mettra plus de temps à parvenir et vous aurez besoin d'être proche de lui avant d'obtenir la réponse désirée.

Les sons qui stimulent les bébés

Nous avons tous un sens plus développé qu'un autre. Cela affecte la façon dont nous apprendrons plus tard. Les bébés qui aiment les sons deviendront ces enfants qui apprendront mieux en écoutant quelqu'un

Pointer les objets que vous nommez aide votre enfant à développer son sens du langage.

donner des explications qu'en le regardant faire. Certains bébés peuvent être profondément distraits s'ils sont surchargés de sons. Ils peuvent aimer certains sons mais devenir nerveux si ce son continue au-delà de leur limite d'endurance qui peut n'être que de 40 secondes. Ils ont pu l'apprécier hier et ne plus l'aimer aujourd'hui. Un bruit stimulant pour un bébé peut s'accompagner d'un cri très fort. Il peut avoir des difficultés à s'adapter tant qu'il n'est pas capable de s'accorder aux bruits du dehors. Dans certains cas, certains bruits de fond (voir p. 60) peuvent bloquer d'autres perceptions. Certains sons stimulants peuvent aider l'enfant à se reposer et à se détendre.

Parler à votre enfant

Pour apprendre à parler, votre bébé a besoin d'entendre constamment sa langue (mais pas à partir de la télévision). Parler à votre bébé tandis que vous vaquez à vos tâches l'encouragera à parler rapidement et à mesure que sa vision se développera vous pouvez lui pointer les objets que vous voyez en les nommant. Ou dites à votre enfant ce que vous êtes en train de faire. Votre enfant essaiera de chanter ou de copier ce que vous êtes en train de lui dire. Ne confondez pas ces attentes de communication avec des cris. Laissez-le discuter dans son propre langage de bébé, encouragez-le à parler et il imitera bientôt votre langage (voir p. 60). La vue, la parole, et l'ouïe sont très proches et fonctionnent ensemble pour apprendre à votre enfant le monde et la façon de communiquer.

Il existe une façon de communiquer avec votre bébé sans utiliser des mots, cela s'appelle Makaton. C'est un langage universel de signes qui inclut des descriptions symboliques de toutes les actions et pas seulement les verbes. C'est reconnu comme étant le langage des signes le plus rapide et le plus facile. Il peut être appris par les parents et les enfants en bas âge.

AFFAIBLISSEMENTS DE L'AUDITION

Un bébé qui met du temps à répondre à votre voix, surtout quand vous n'êtes pas dans son champ de vision ou qui sursaute quand vous surgissez devant lui peut souffrir de problèmes de l'audition. Si vous êtes préoccupée par l'audition de votre enfant, consultez un médecin.

Si votre enfant est sourd, il est essentiel que vous appreniez le langage des sourds afin que vous puissiez communiquer et que votre enfant puisse se faire comprendre. Un bébé sourd peut entendre les vibrations. Il faut donc chanter quand vous le bercez.

Les bruits qui calment ou stimulent

Les bruits entendus par un bébé peuvent affecter son humeur. Les sons doux et les fonds sonores peuvent être utilisés pour l'aider à s'apaiser quand il est tendu, fatigué ou s'il ne peut fermer les yeux. En exagérant, quand vous lui parlez, par la tonalité de votre voix, vous l'intéresserez, le stimulerez et maintiendrez son attention.

Le son apaisant des carillons éoliens en fond sonore peut être utilisé aisément dans votre maison.

L'étude de l'eau

Un docteur japonais a conduit et publié une série d'expériences sur ce qui arrivait aux molécules d'eau quand certains sons étaient joués. Le résultat est étonnant. L'eau est totalement fragmentée, sombre ou brouillée quand des sons bruyants, impétueux, désynchronisés sont émis. Cela se produit aussi quand quelqu'un est en colère, et tient des propos violents. Quand vous parlez doucement ou quand de la musique classique est jouée, les particules brillent clairement et se réarrangent elles-mêmes dans une magnifique figure. Étant donné que notre corps contient 75 % d'eau, il n'est pas difficile d'imaginer que c'est ce qui se passe dans notre vie quotidienne. Ce que nous écoutons et la façon dont nous parlons a un effet très profond sur ceux qui nous entendent. Votre voix est calme et apaisante quand elle est douce, c'est pour cela que vous baissez la voix quand vous bavardez et murmurez des mots doux à votre bébé. Votre voix est l'un des instruments naturels de soin et d'apaisement.

Parlez à votre bébé

Le fait que votre bébé ne comprenne pas tout ce que vous lui dites ne réduit pas la valeur de la communication orale. Sa réaction vive prouve qu'il aime que vous lui parliez. Parlez-lui quand vous le nourrissez, le changez, quand vous le conduisez quelque part en voiture même si vous faites tout autre chose. Utilisez des tonalités orales et des mimiques très marquées et variées quand vous parlez à votre bébé, d'une façon dont vous ne parleriez pas à un adulte ou à un enfant.

Des sons pour calmer votre bébé

Les meilleurs sons pour calmer un bébé sont les sons monotones, réguliers, et les rythmes répétitifs. Les bruits de fond de la maison comme le lave-vaisselle ou la machine à laver ou un aspirateur éloigné, ou le tic-tac d'une horloge conduiront votre bébé au sein des bruits familiers.

Jouer avec des sons doux, vocaux ou instrumentaux est une manière holistique de guérir notre cerveau, notre corps et notre esprit.

Tous ces bruits sont efficaces si vous les enregistrez et lui repassez. Des CD de cascade d'eau ou de musique de méditation peuvent aider à apaiser votre bébé et à l'endormir. La musique classique a aussi un effet calmant (l'effet Mozart). Vous pouvez aussi enregistrer des battements de tambour entre 60 et 70 pulsations par minute, cela stimule le rythme cardiaque.

Essayez de jouer des gammes à votre bébé afin qu'il puisse écouter différents airs et instruments de musique à des rythmes et des vitesses variés ou utilisez aussi des mobiles musicaux ainsi que des jouets comme des cloches, des hochets.

Votre bébé était habitué à entendre toutes sortes de sons quand il était dans votre ventre. Si vous pouvez vous souvenir de ce qui vous a apaisé quand vous étiez enceinte comme certains morceaux de musique ou émissions de télévision, il sera probablement relaxé par la même musique ou les mêmes airs. Ces impressions sont des outils pratiques à utiliser quand votre bébé est fatigué, car il a déjà été conditionné à savoir que certains sons équivalent à un état de relaxation.

TROP DE SONS EXCITENT

Pour de nombreux adultes il est difficile de se concentrer s'il y a un excès de sons. Ils ne peuvent pas lire un livre si la radio ou la télévision sont allumées. Ce type de sensation est ressenti par les bébés aussi. Quand vous jouez, nourrissez ou massez votre bébé, il ne devrait pas y avoir de fond sonore qui puisse distraire.

Le toucher

À l'intérieur de l'utérus, le toucher est le premier sens à être développé. Une fois qu'un bébé est né, s'il n'est pas touché, il s'affaiblira et se recroquevillera. Le toucher indique à votre enfant qu'il est aimé et qu'il est en sécurité. Le flux sanguin riche en nutriments qui conduisent les hormones à travers le corps en sera augmenté.

Les bébés touchent afin d'explorer et de sentir le monde. Cela leur apprend beaucoup sur eux-mêmes et sur les êtres qui les entourent.

Le corps contient des centaines de récepteurs dont nous n'avons pas conscience. Si nous ressentions constamment nos vêtements sur notre peau par exemple nous préférerions rester nus. Ce genre de récepteur s'éteint automatiquement à moins qu'il n'y ait un problème. Rappelez-vous, cependant, qu'un bébé doit développer cette conscience avant que ses automatismes corporels puissent s'installer.

Le toucher et la mémoire

Les bébés développent leur mémoire et leur vue à travers le toucher. Aussi leurs membres n'exécutent pas des mouvements coordonnés lors des premiers mois. Mais quand il touche quelque chose, ses récepteurs sensoriels envoient des informations à son cerveau. À travers ce processus, votre enfant commence à s'informer sur les objets et sur son corps. Il se souvient des sensations plaisantes et déplaisantes. Avec cette mémoire, il commence par anticiper. Il est alors excité quand il voit votre visage familier lui faire des grimaces. Se souvenant de ne pas aimer la sensation du déshabillage, par avance il se mettra à pleurer lorsque vous lui retirez ses vêtements.

Pour que votre bébé apprenne à se découvrir, le toucher est fondamental. Il l'est également quant à la prise de conscience de ses mouvements, de son espace de sécurité, des personnes qui l'entourent et du monde dans lequel il vit. Dès qu'il pourra toucher quelque chose, ses petits doigts s'enrouleront automatiquement pour sentir et enregistrer les informations pour une utilisation ultérieure.

Toucher avec la bouche

Les bébés essayent de mettre des choses dans la bouche dès qu'ils sont physiquement capables de le faire. Dès qu'ils peuvent sucer et explorer un objet avec leur bouche, ils peuvent trouver ce que c'est. Ils s'en souviendront quand ils le remettront à la bouche. Des études ont montré que les bébés pouvaient reconnaître la forme des objets après les avoir tétés.

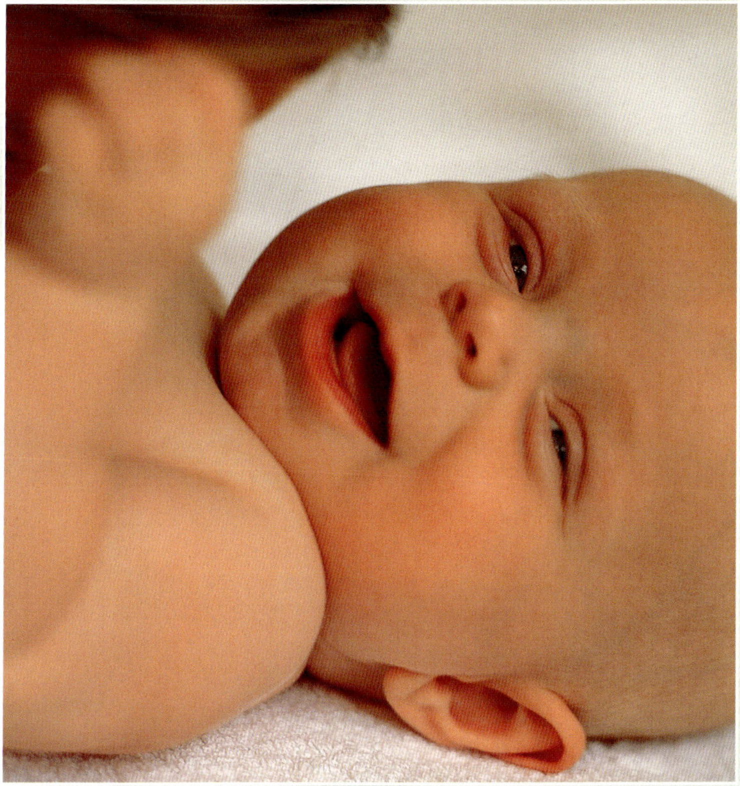

Votre bébé sera excité quand il verra votre visage lui faire un câlin sur son ventre car sa mémoire a enregistré la sensation et l'expression de votre visage.

S'ils sont emmaillotés, les bébés prématurés et les nouveau-nés se sentiront rassurés. Ils bénéficieront des sensations qu'ils avaient dans l'utérus de leur mère.

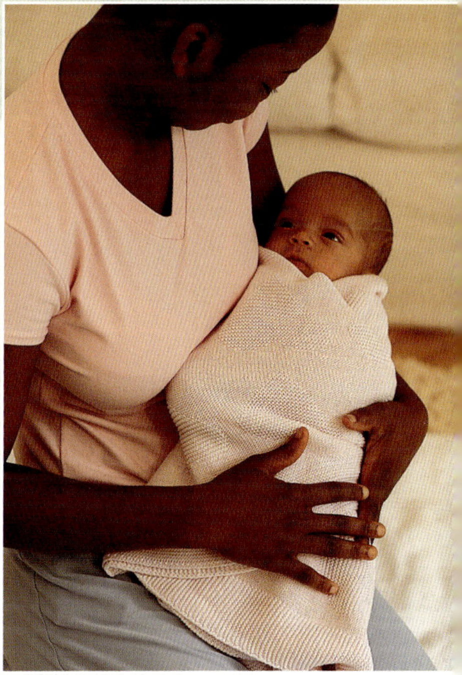

Le toucher stimule les bébés

Il est difficile d'être proche d'un bébé qui n'aime pas être touché car il manque de contact et de proximité. Ses organes récepteurs peuvent être trop sensibles et recevoir trop de stimuli pour qu'il puisse y faire face. De ce fait, toutes ces sensations le rendent mal à l'aise. Essayez de ne pas déplacer ce type de bébé brusquement. Soyez particulièrement douce quand vous le changez. Ne lui retirez pas trop souvent ses vêtements. L'emmaillotement (voir p. 31) recréera la sensation du ventre dans lequel il se sentait bien. Étendez ce bébé sur une peau de mouton douce, à l'intérieur d'une pièce chaude, cela apaisera sa peau et le calmera, lui procurant ainsi une sensation de sécurité. Un excès de contact peut l'énerver et le fatiguer. Il peut ne pas aimer être bercé. Un bébé qui n'aime pas être touché évoluera progressivement grâce à de la douceur, des soins affectueux, du temps et de la tendresse.

Les bébés qui sont nerveux à cause du toucher (souvent les prématurés) peuvent grandir et être des enfants qui mémorisent mieux en écoutant ou en regardant. Ils apprendront grâce à leurs erreurs.

Le pouvoir du toucher

Il a souvent été dit que le sens du toucher était la première et la plus importante forme de communication. Une caresse affectueuse communique à l'esprit, au cerveau et au corps le message que vous vous souciez d'eux. Tous les autres sens ont un organe référence tandis que le toucher est une sensation totale et complète.

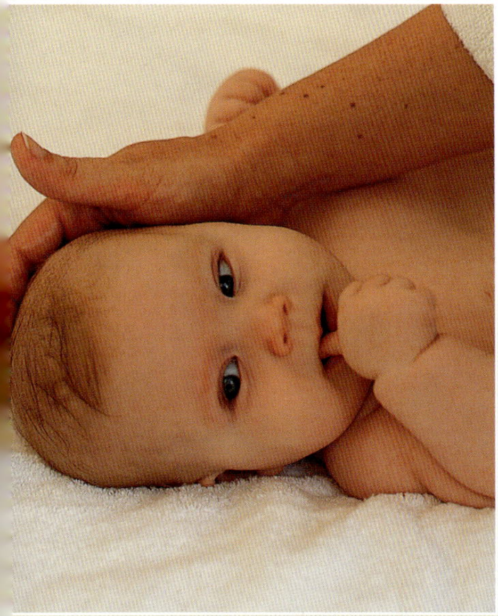

Les sensations de plaisir et de douleur peuvent à travers la peau traverser le corps de votre bébé comme des milliers de touches réceptrices. Quand vous le touchez il peut sentir à quel point vous l'aimez.

Des études scientifiques ont montré qu'une caresse douce est thérapeutique. Toucher quelqu'un peut l'aider à aller mieux. Tenir la main d'une personne malade l'apaise et lui donne des sensations vitales. Le contrôle de la fréquence cardiaque d'une personne qui caresse un animal montre une diminution de sa tension artérielle. Parallèlement, la respiration et la circulation s'améliorent tandis que des hormones naturelles sont libérées induisant un sentiment de contentement. Être simplement touché et câliné aidera un enfant à se sentir calme, nourri et rassuré.

Pourquoi le toucher est important

Votre bébé apprend beaucoup sur le monde extérieur à travers les sensations de température, de pression et de texture. En manipulant votre bébé, en le balançant, le basculant et le caressant vous finissez par le connaître de façon unique. Le contact étant par certains côtés le langage le plus direct entre personnes.

Des études ont montré que le toucher avait des effets multiples et durables sur les bébés pendant de longues années. Des bébés massés prennent du poids deux fois plus vite que ceux qui ne le sont pas. Ils sont plus alertes, actifs et réactifs. Ils ont plus conscience de leur entourage, ils sont plus aptes à supporter le bruit et ont moins tendance à pleurer. Quand une maman et un bébé font le plein de contacts physiques, la mère donne confiance et assurance à son bébé.

Un manque certain de croissance physique et psychologique se manifeste quand il n'y a aucun contact dans la vie d'une personne. À n'importe quel âge, l'absence de contact physique mène à la maladie et au repli sur soi. De nombreuses expériences animales ont montré que lorsque les petits sont nourris et peuvent voir leurs parents, s'ils ne sont pas touchés, ils sont alors sujets à des baisses de température corporelle, au ralentissement de leurs ondes cérébrales, à une diminution de leur sommeil et à une certaine faiblesse immunitaire. Quand vous touchez votre enfant vous transmettez de l'amour et vous renforcez votre relation affective avec lui dès son plus jeune âge.

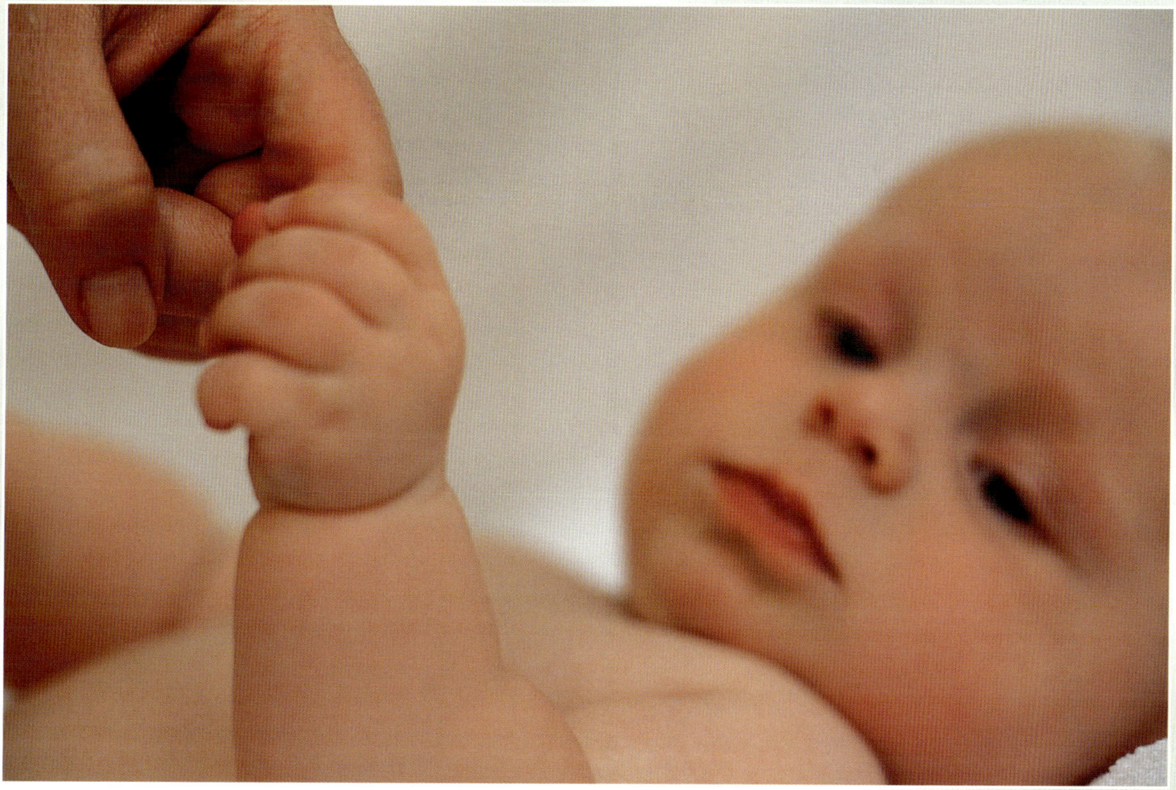

Pour influer sur les sensations d'une personne, le meilleur moyen est de se connecter à elle en la touchant.

Les mains qui guérissent

Un contact affectueux est plus fort qu'une communication verbale. Il peut mieux dire qu'un poème l'amour ressenti pour une personne. Tout le monde a des mains qui peuvent soigner qu'on en soit conscient ou non. La première chose qu'une mère peut faire quand son enfant tombe est de le frotter. Si quelqu'un souffre affectivement, vous le serrez dans vos bras, vous utilisez vos mains pour donner. Les thérapeutes des médecines holistiques se concentrent sur leurs sensations et deviennent conscients de cet amour qui traverse les mains. Quand ils pratiquent cela, ils peuvent influencer favorablement les perceptions mentales émotionnelles, physiques et spirituelles de leurs patients.

Développez votre sensibilité

Nos mains sont très sensibles, ce sont des instruments de communication avec lesquelles nous pouvons montrer à notre enfant que nous nous occupons de lui. Pour rendre vos mains plus sensibles, tenez-les séparées de 2 cm pendant 30 secondes, puis abaissez-les doucement et rapprochez-les encore, en maintenant votre attention sur vos paumes. Répétez cela jusqu'à ce que vos mains deviennent tièdes ou picotent.

TAPOTER LE DOS

Tapoter doucement en rythme le dos peut être très apaisant pour votre bébé. Dans de nombreuses tribus, il est courant de tapoter tout le corps doucement pour soulager les tensions.

Thérapies complémentaires et massages

La phytothérapie

Les plantes médicinales ont été utilisées sur le plan médical depuis des milliers d'années. La phytothérapie utilise les plantes et leurs vertus pour aider le corps à se défendre lui-même contre les maladies. Vous pouvez apaiser votre enfant en utilisant des plantes médicinales pour traiter ses malaises. Vérifiez d'abord avec un praticien si ces herbes sont correctement choisies.

Les tisanes peuvent aussi bien vous stimuler que vous calmer. Cela dépendra des plantes utilisées. Il est important de vous souvenir que si vous allaitez, cela passera à travers votre lait.

Traitement

Consultez toujours un praticien qualifié avant de donner à votre enfant des plantes médicinales. Les herbes prescrites peuvent être prises par voie interne soit infusées dans de l'eau bouillie pour faire des tisanes soit macérées dans l'alcool, ce qui permet d'en extraire les propriétés médicinales pour des teintures. Ces plantes peuvent être prises également sous forme de poudre, de capsule, de comprimé et de jus.

Elles peuvent aussi être appliquées sur le corps grâce à des crèmes, des onguents ou des cataplasmes – les plantes sont malaxées avec un liquide ou de l'huile, placés sur le corps, retenus par une bande – ou ajoutés au bain du bébé.

Certaines maladies infantiles comme les coliques, la constipation, les diarrhées, les rhumes, les toux, les problèmes respiratoires, peuvent être soulagées par la phytothérapie. Cela permet de soigner aussi les croûtes de lait, l'eczéma, les éruptions cutanées dues aux couches, les douleurs dentaires, les maux d'oreille, la conjonctivite et les insomnies.

Comment préparer une tisane de plantes médicinales

Ajoutez une cuillère à café d'herbes avec une tasse d'eau bouillie. Trempez les plantes dans l'eau pendant 5 à 10 minutes. Égouttez et laissez refroidir. Pour un bébé pesant de 2 à 12 kilos une dose de 1 à 4 cuillères à café plusieurs fois par jour est habituelle. Mais suivez toujours les conseils de votre herboriste.

Comment faire une teinture d'herbes médicinales

Quelques gouttes de teinture sont généralement prises dans un petit peu d'eau. Faites évaporer l'alcool contenu dans la teinture en versant une cuillère à café ou plus d'eau bouillante sur la teinture dans une tasse. Puis laissez reposer sans couvercle pendant 10 minutes. Pour un bébé, le dosage habituel est de 2 gouttes pour 3 kilos. Mais suivez toujours les conseils de votre praticien.

Un bol de plantes médicinales fumant dans une pièce purifiera les muqueuses et l'air de façon naturelle et antiseptique.

L'allaitement

Si vous allaitez, vous pouvez prendre une dose adulte recommandée pour les tisanes ou teintures qui sera transmise à votre bébé en plus petites quantités par l'intermédiaire de votre lait. La dose standard de tisane pour les adultes est de 3 à 4 tasses par jour. Pour une teinture c'est entre 30 et 60 gouttes, 3 à 4 fois par jour. Mais comme toujours suivez les conseils de votre praticien.

Plantes courantes pour les bébés

- **Aloe vera** pour les brûlures et l'eczéma.
- **Crème de calendula** pour les croûtes de lait et les rougeurs.
- **La camomille** a une grande richesse d'application. En particulier, c'est bon pour lutter contre la fièvre, les douleurs dentaires, les yeux collés, la colique, les rougeurs et les insomnies.
- **La pommade de consoude,** comme l'Aloe vera, est bonne pour les brûlures et l'eczéma.
- **L'echinacea** est utile pour traiter la toux, les rhumes et apaiser l'eczéma.
- **Le fenouil** pour les coliques, la constipation et les douleurs dentaires.
- **Le baume de citron** dans le bain ou sous forme d'infusion est bon pour la colique, la toux, les refroidissements et la fièvre.
- **Le bouillon blanc** pour les problèmes respiratoires et les maux d'oreilles.
- **L'arbre à thé** pour la toux et les refroidissements. Mais aussi en massage dans le cas d'éruptions.
- **La lavande** est un grand calmant. Les fleurs de lavande en tisane peuvent aider pour les cas d'eczéma. L'huile essentielle de lavande favorise le sommeil et apaise la fièvre.
- **Les feuilles de framboisier** en cas de diarrhée ou de conjonctivite.

COMMENT LA PHYTOTHÉRAPIE PEUT VOUS VENIR EN AIDE

Les plantes peuvent vous aider à faire face aux nouvelles émotions provoquées par l'arrivée d'un bébé dans la famille. Elles aident à traiter les maux et douleurs fréquents après une naissance. L'huile essentielle de bergamote est un antidépresseur naturel, la lavande soulage le stress et favorise la relaxation. Le baume de citron est excellent pour lutter contre le stress ainsi que son corollaire de problèmes digestifs. La tisane de fleurs de tilleul est relaxante et bonne pour soulager les migraines et les insomnies La reine des prés soulage bien les douleurs. La menthe poivrée est indiquée dans les cas d'indigestion, de gaz, ou de maux de tête. Les racines de bardane, les feuilles de consoude, l'ortie et les feuilles de framboisier sous forme de tisane peuvent vous aider à soigner votre périnée. Consultez un praticien qualifié qui vous aidera à trouver les plantes propres à traiter les problèmes qui se présentent.

L'homéopathie

L'homéopathie est un système de soins doux qui part du principe de similitude du malaise et du soin. Les remèdes homéopathiques stimulent les processus curatifs du corps et sa capacité à rejeter la maladie. L'homéopathie favorise également le bien-être général. Cette médecine est adaptée aussi bien aux petits qu'aux plus âgés. De plus, c'est un traitement efficace et sans danger.

Les remèdes naturels et les herbes médicinales peuvent aider de nouveaux parents à faire face aux sensations et émotions qui surgissent avec l'agrandissement de la famille.

Les traitements

L'homéopathie est un système de soins holistique qui prend en compte le mental, le physique et les états émotionnels. L'homéopathie peut stimuler le système immunitaire d'un bébé, mais il faut toujours voir un professionnel pour demander des conseils et des traitements.

L'homéopathie est utilisée depuis l'aube de la civilisation grecque. Mais ce n'est que depuis 200 ans que des recherches ont été effectuées par Samuel Hahnemann, un chimiste allemand, à qui nous devons ce que nous savons aujourd'hui sous le terme d'homéopathie.

L'homéopathie fonctionne selon le principe du soin par le mal à traiter. Par exemple, un oignon peut provoquer un écoulement du nez, piquer et arroser les yeux. Si vous donnez le traitement *Allium cepa* fabriqué à partir d'oignon, ces symptômes pourront être traités. Vous pouvez trouver aussi que l'*Allium cepa* vous aide si vous avez attrapé froid, si vous avez de la fièvre ou des allergies.

Le potentiel des remèdes homéopathiques varie en fonction de leur dilution, ils sont plusieurs fois dilués et secoués vigoureusement entre chaque dilution. Pour la maison, une dose de 6 CH, 12 CH ou 30 CH est généralement recommandée et vous pouvez avoir besoin de prendre une dose de 6 CH plutôt que de 30 CH qui serait plus diluée.

Ces remèdes sont adaptés à tous, des plus jeunes aux plus anciens. Ils sont reconnus, sûrs et efficaces. Ils sont absorbés sous forme de minuscules gélules de préférence en dehors des prises de nourriture ou de boisson. Il est bien de les conserver dans leur emballage habituel, de les maintenir loin de la lumière du soleil ou de substances odorantes puissantes.

Remèdes homéopathiques courants pour les bébés

- **Arnica** pour les bleus.
- **Belladona** pour les douleurs de gorge, les maux oculaires, l'inflammation des yeux, et la fièvre.
- **Bryona** pour la constipation.
- **Chamomilla** pour les poussées dentaires et les maux oculaires.
- **Pulsatilla** pour les refroidissements, la toux et les enfants grincheux et collants.

La thérapie craniosacrée

La thérapie craniosacrée est une tension très douce et pourtant puissante. Au centre du corps le liquide cérébro-spinal baigne et amortit le cerveau ainsi que la moelle épinière. Ce liquide se déplace comme le reflux et l'écoulement d'une marée. Les organes, les os et les autres structures du corps suivent de même mouvement subtil. Les tensions qui ne sont pas éliminées s'inscrivent dans les tissus du corps.

Dans les années 1930, un ostéopathe américain, William Garner Sutherland, découvrit qu'en manipulant doucement le crâne, il pouvait modifier le flux du liquide cérébro-spinal, ce qui peut stimuler les possibilités auto-curatives du corps ainsi qu'aider des parties qui n'étaient pas nécessairement reliées au crâne.

La thérapie craniosacrée peut provoquer un intense sentiment de bien-être à votre enfant.

Le traitement

La thérapie craniosacrée ne peut être effectuée que par un thérapeute. C'est une technique spécialisée dans la manipulation des os du crâne avec un toucher très doux, certaines personnes le ressentent à peine. Le thérapeute peut sentir les blocages à l'intérieur du flux corporel interne et utiliser ses mains comme un guide vers le corps pour que ce dernier se détende. Cette thérapie influence les muscles, le squelette, les nerfs, le système immunitaire et cardio-vasculaire ainsi que les organes, les tissus et les fluides.

Certains troubles peuvent être soulagés par la thérapie craniosacrée. Cela peut aller des insomnies, à la colique et aux troubles digestifs.

Comment la thérapie craniosacrée peut soulager votre bébé

Le passage de votre bébé par les voies naturelles au moment de la naissance a été vécu comme un intense massage, avec des écrasements, des agrippements et une poussée. De nombreux problèmes chez les nouveau-nés comme les coliques, la succion, ont été provoqués par une surcompression au moment de la naissance. Si votre bébé crie constamment, il est possible qu'il souffre de tensions quelque part dans son corps. Les difficultés qu'il rencontre pour se nourrir sont certainement dues à des tensions qui affectent la mobilité de son cou.

Le traitement craniosacrée procure un sentiment de paix, et un sommeil rassurant pendant lequel le système nerveux de votre bébé peut se défaire des tensions, du stress, des contraintes et des blocages logés dans les tissus. Cette thérapie permet une meilleure circulation des liquides et rend votre bébé nettement plus heureux.

COMMENT LA THÉRAPIE CRANIOSACRÉE PEUT VENIR EN AIDE

Votre corps a subi de profonds changements pendant les neuf derniers mois. Le point culminant fut la naissance. La thérapie craniosacrée peut vous aider à surmonter le traumatisme physique en rendant votre dos plus solide. Un simple traitement peut vous aider à faire face aux troubles émotionnels tels que la dépression postnatale.

L'aromathérapie

À travers la planète et tout au long de l'histoire, les fragrances des plantes ont été utilisées de façon variée pour apaiser, calmer et guérir. L'aromathérapie utilise des huiles essentielles extraites de plantes, diluées de façon différente pour soulager divers symptômes comme pour favoriser la relaxation et le bien-être.

Les huiles essentielles ont besoin d'être mélangées avec une l'huile de base comme l'huile d'amande douce avant d'être utilisées.

Les huiles essentielles

Les huiles essentielles ne doivent pas être utilisées dans les 24 heures qui suivent la naissance. Si votre bébé est prématuré vous ne devez pas en employer tant qu'il n'a pas atteint la date prévue de sa naissance. Les huiles essentielles peuvent être diffusées dans la chambre d'un bébé grâce à un diffuseur : 1 goutte d'huile dans une cuillère à café d'eau dans un bol d'eau fumante, 1 à 3 gouttes d'huile pour 600 ml d'eau.

Une simple goutte d'huile peut être ajoutée à un peu de lait et versée dans un bain ou mélangée avec de l'huile de massage. Mais ce n'est pas recommandé pour les bébés avant l'âge de trois mois. Les huiles essentielles sont toujours diluées. Une toute petite dose est recommandée pour les bébés, habituellement 1 goutte d'huile essentielle pour 15 ml d'huile de massage. Il faut faire cela tant que leur corps est petit. Deux huiles mélangées sont conseillées pour les bébés notamment la lavande et la camomille qui sont toutes les deux particulièrement calmantes. Effectuez toujours un test cutané d'huile diluée avant de les utiliser (voir p. 84).

Les traitements

Les massages d'aromathérapie avec des huiles essentielles de lavande ou de camomille romaine peuvent être faits à la maison tant que vous respectez la dose d'1 goutte d'huile essentielle pour 15 ml d'huile de massage. Pour des maladies spécifiques, vous devriez prendre conseil auprès d'un aromathérapeute compétent. Les huiles aromatiques peuvent être utilisées pour soulager les problèmes dentaires, les coups de froid, la colique, la constipation, les diarrhées, les rougeurs, les sécheresses cutanées et pour favoriser le sommeil.

COMMENT L'AROMATHÉRAPIE PEUT VOUS AIDER

Un traitement d'aromathérapie (certains praticiens peuvent faire des visites à domicile) peut vous aider en cas de dépression postnatale mais aussi vous permettre de vous relaxer, de chasser le stress et la fatigue comme de soulager les douleurs liées à l'accouchement. La lavande et la camomille apaisent les douleurs provoquées par les cicatrices. La lavande peut être directement appliquée sur les crevasses des mamelons. La sauge, la bergamote et le jasmin diminuent le stress. Les huiles essentielles de cumin, d'anis et de verveine appliquées en massage sur le torse favorisent la montée du lait.

Les cristaux

Les cristaux ont été utilisés par de très anciennes cultures pour soigner et protéger. On leur prête des propriétés vibratoires capables d'affecter et de mettre en valeur l'équilibre vital. Ils ont aussi la possibilité de calmer, de protéger, de motiver, d'élever et de purifier une atmosphère de toute sa négativité.

Choisir un cristal

Ce qui est merveilleux quand vous choisissez un cristal c'est que vous pouvez suivre votre instinct pour faire votre choix. Certains cristaux ont des propriétés spécifiques, vous n'aurez pourtant pas besoin d'étudier un livre pour apprendre leurs effets particuliers. La plupart des personnes tendent à prendre celui qui leur est le mieux approprié.

Nettoyez votre cristal

Les cristaux ont besoin d'être nettoyés que ce soit quand vous êtes de retour chez vous ou un mois après. Il est préférable d'utiliser de l'eau de pluie pour purifier la plupart des cristaux. D'autres méthodes préconisent de passer le cristal à travers de la fumée d'encens ou de brûler des herbes médicinales comme de la sauge blanche.

De nombreux cristaux proviennent de la terre. Il est donc bien de les nettoyer à l'eau froide avant de les utiliser. Certains ne supportent pas l'eau. Vérifiez-le quand vous les achetez.

Comment utiliser un cristal pour apaiser votre bébé

Un cristal peut être programmé pour apaiser et garder votre bébé en bonne santé. Tenez simplement le cristal dans la paume de votre main et laissez-vous aller.

Vous pouvez aussi vouloir le dédier à tous ceux pour qui il est bénéfique. Placez le cristal dans la même pièce que votre bébé.

Dans la chambre du bébé, le cristal devra être mis à au moins 1 mètre du lit afin qu'il énergétise votre bébé. S'il n'est pas apaisé par la présence d'un cristal, il se peut qu'il puisse être excité par lui.

COMMENT LES CRISTAUX PEUVENT VOUS AIDER

Vous pouvez choisir en suivant votre instinct un cristal pour vous-même, de la même façon que vous en choisissez un pour votre bébé.

Vous pouvez le porter sur vous ou sur un bijou. Avec un cristal calmant, dormez et méditez. Vous ne choisirez pas toujours nécessairement le même cristal, car vous vous sentirez différent chaque jour. Pour vous guider, les cristaux présentent des associations qui peuvent orienter votre choix.

- L'Amazonite pour être vrai et aimer de manière inconditionnelle.
- L'Améthyste pour les connexions divines.
- L'Aventurine pour la chance.
- La Célestite pour le calme.
- Le Quartz clair pour l'équilibre.
- La Lépidolite pour l'harmonie.
- Le Quartz rose pour l'éducation et l'amour.
- Le Rubis donne de l'énergie.
- Le Quartz fumé pour rester concentré et garder les pieds sur terre.
- La Tourmaline pour la paix.

La réflexologie

La réflexologie traite et soulage de nombreux maux. C'est une sorte de massage du pied, le pied droit représente le côté droit du corps et le pied gauche le côté gauche du corps. Tous les organes du corps ont des correspondances particulières avec des points réflexes sur le pied. Il est possible de traiter tout le corps à travers les pieds seulement.

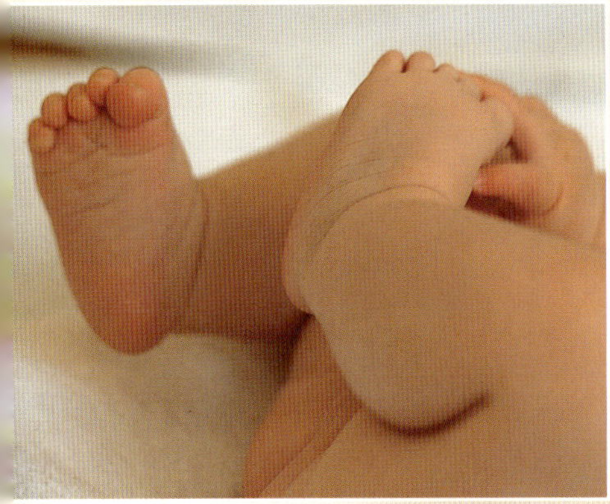

En quelques minutes peuvent être massés de façon thérapeutique les doigts de pieds minuscules. Les pieds de votre bébé peuvent rester nus ou conserver leurs chaussettes.

Comment cela se pratique

Le réflexologue travaille sur les lieux où l'énergie circule dans le corps. La pression appliquée sur certains points du pied dégagera les énergies stagnantes et bloquées. Le réflexologue travaille avec une pression douce des doigts. Le pied a été divisé par cinq grandes lignes qui courent horizontalement et trois verticales qui représentent les zones au-dessus de l'épaule, de la base de l'épaule jusqu'à la taille et en dessous de la taille. Si quand le praticien presse doucement sur les ponts réflexes du pied, le patient ressent des sensations douloureuses ou pénibles, cela signifie que la partie correspondante du corps ne fonctionne pas de façon optimale. Ce dernier a certainement dû à un moment souffrir de stress, il a donc besoin d'être relaxé. Le thérapeute exercera une série de pressions et provoquera des mouvements du pied. A ce moment-là, des sensations désagréables peuvent être éprouvées par le patient qui quelquefois ressent un léger inconfort. Mais normalement, il ressent un grand bien-être. Dès la fin de la séance, il aura le sentiment de marcher dans les airs.

Le réflexologue stimule le système immunitaire et relaxe entièrement le corps. Il crée des conditions parfaites pour que le corps puisse lui-même s'équilibrer et s'autoguérir. C'est une thérapie holistique qui traite le corps dans sa totalité (pas simplement les symptômes) et qui favorise un processus curatif. C'est une excellente pratique comme technique de relaxation mais aussi pour rester en bonne santé.

Le traitement

En massant doucement les pieds de votre bébé, un bon thérapeute trouvera dans son corps l'origine de ses douleurs. De nombreux malaises dont souffre votre enfant peuvent être soulagés par la réflexologie comme le nez qui coule, les problèmes d'oreille, de coliques, les douleurs dentaires, la constipation, la diarrhée, l'asthme et l'eczéma. Grâce à vos massages des pieds, les douleurs mineures de votre enfant pourront être soulagées. Vous influencerez également son sommeil, lui procurant ainsi un grand bien-être.

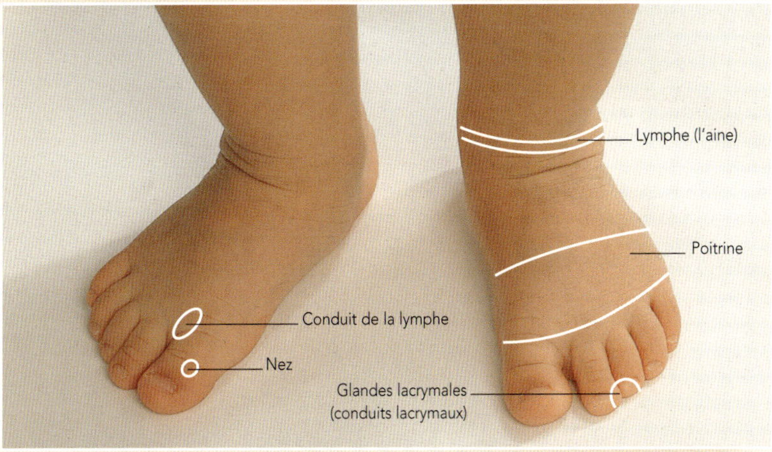

Ce n'est pas seulement la plante des pieds qui est une zone sensible pour la réflexologie. On peut trouver des points sur le dessus du pied et sur les chevilles.

Référez-vous au diagramme ci-contre pour observer les différents points de réflexologie des pieds de votre bébé.

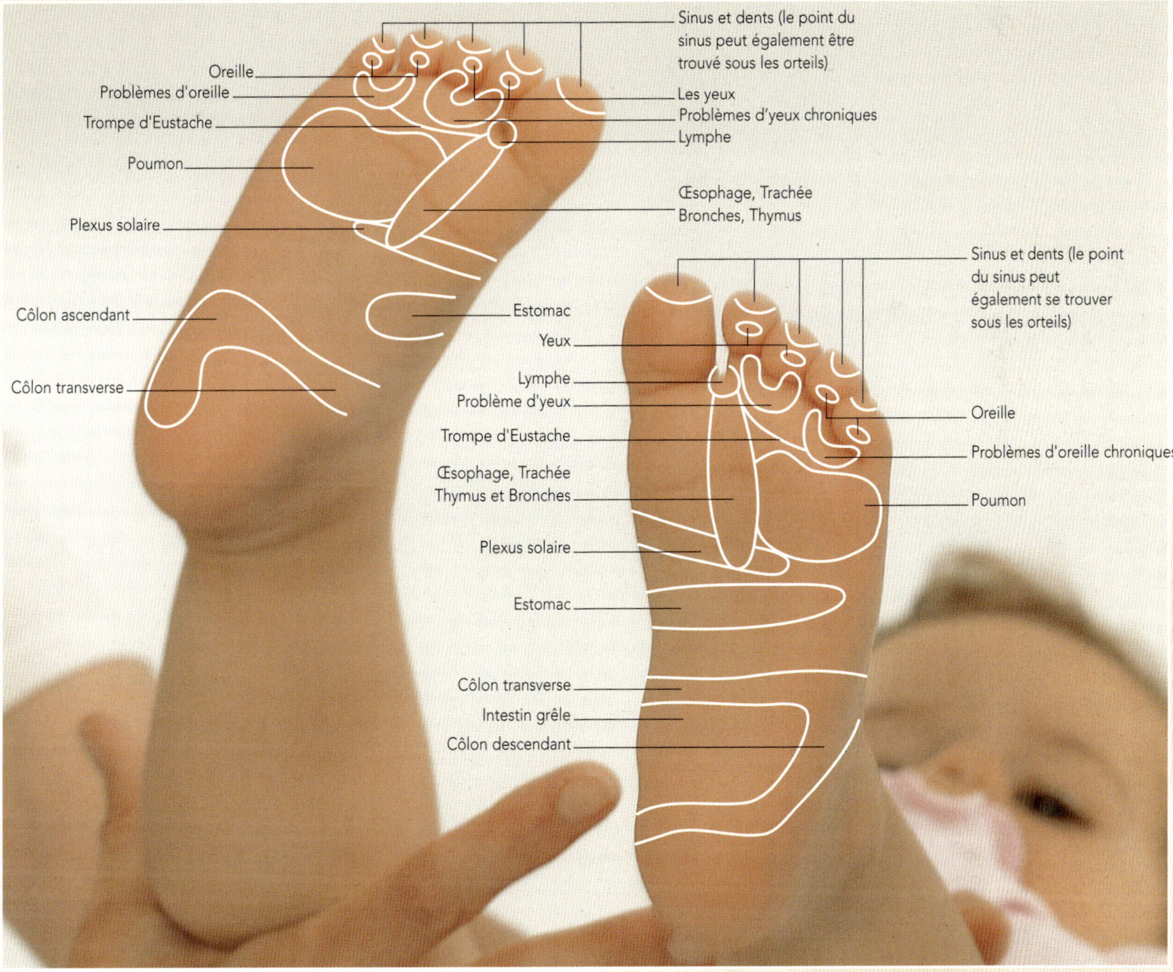

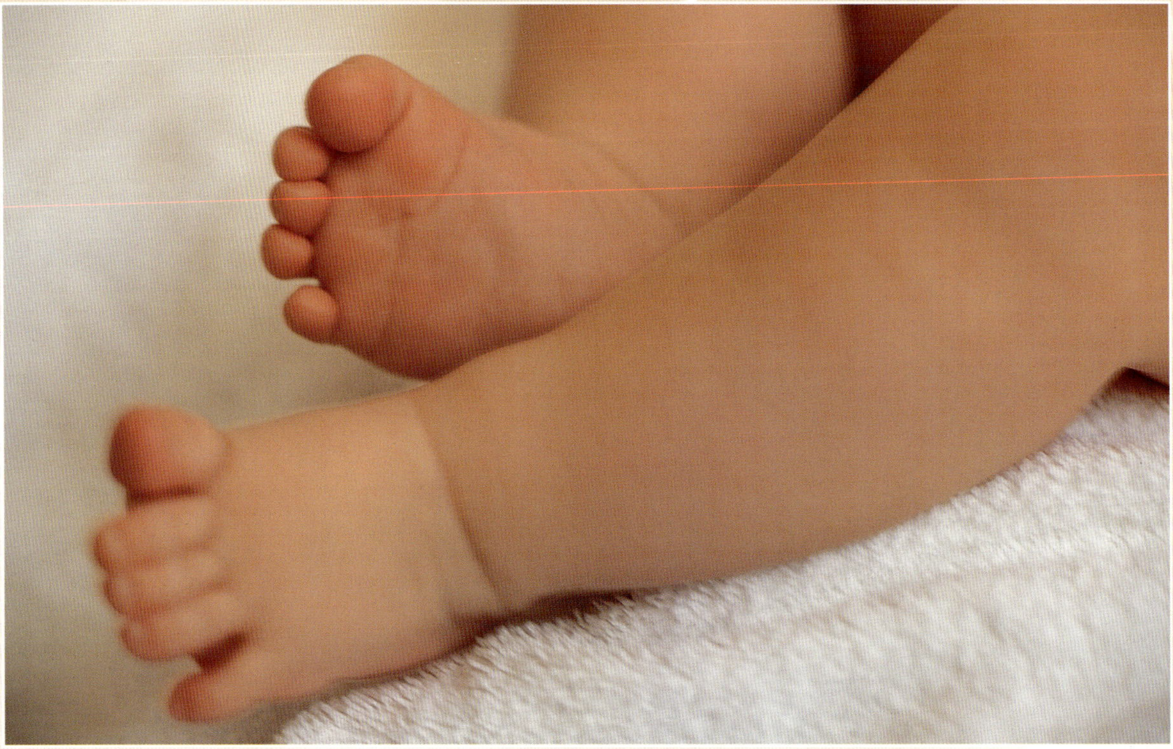

Certains bébés apprécient et trouvent très agréable d'avoir leurs pieds massés. Procurez un massage des pieds de 10 minutes à votre bébé en appliquant les principes de la réflexologie.

Le traitement à la maison

C'est une bonne technique si votre enfant ne veut pas se laisser masser le corps. Effectuez un massage de 5 minutes sur chaque pied, si possible une fois par jour. À l'inverse d'un massage du corps, vous pouvez laisser à votre enfant ses vêtements, ce qu'apprécient les nouveau-nés qui détestent être nus. Assurez-vous qu'il n'a ni trop chaud ni trop froid après le massage. Car sa température peut en être affectée. Ne le massez jamais s'il a de la température. Assurez-vous qu'il a beaucoup bu avant et après le massage.

Ne vous inquiétez pas si les symptômes de malaise augmentent après un massage des pieds que vous avez fait à la maison. Par exemple, les problèmes de peau peuvent s'aggraver pendant plusieurs jours avant une amélioration. Les bébés qui ont des problèmes de sinus et de mucus peuvent avoir le nez qui coule avant qu'il ne se décongestionne.

Un bébé qui souffre de coliques résistera à votre pression et se mettra à pleurer ou à crier, même si vous appuyez doucement sur la partie du pied correspondant à l'estomac. Quand un endroit du corps est concerné, la zone réflexe correspondante peut être douloureuse et il peut être difficile de la toucher, alors dans ce cas, essayez de poser la main sur cette partie pour la relaxer. Mais si ce dont votre bébé souffre est sérieux, il vaut mieux se référer à un médecin.

COMMENT LA RÉFLEXOLOGIE PEUT VOUS VENIR EN AIDE

Un traitement par la réflexologie est capable de soulager des douleurs provoquées par l'accouchement. Il réduit les problèmes d'allaitement, de constipation mais aussi rééquilibre vos hormones.

Un massage réflexologique

Pour les réchauffer, commencez toujours par frotter vos mains ensemble. Il n'est pas nécessaire d'utiliser des huiles de massage. Souvenez-vous de faire du massage un moment de jeu. Continuez de parler, de chanter de câliner affectueusement votre enfant.

Vous aurez besoin de tenir son pied pour le soigner durant le massage. Utilisez votre autre main pour exécuter les mouvements. Maintenez ce geste doucement jusqu'à ce qu'il devienne juste une touche légère et que le pied réagisse. Les bébés font des mouvements saccadés involontairement et donnent des coups de pied si vous les chatouillez.

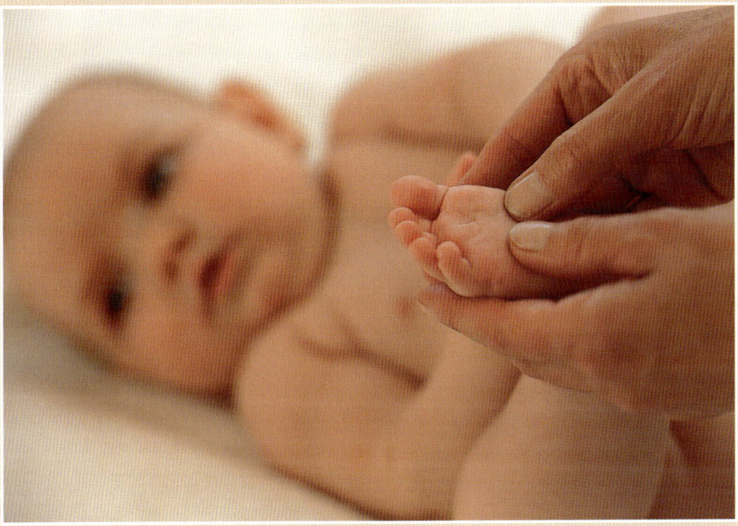

1 *Sur vos genoux, étendez votre bébé sur une serviette. S'il est nu, assurez-vous que la pièce est chaude. Débutez par le centre du pied en utilisant les deux mains pour toucher la zone réflexe du plexus solaire. Cela détendra les tensions de votre bébé et l'aidera à améliorer sa digestion et sa respiration.*

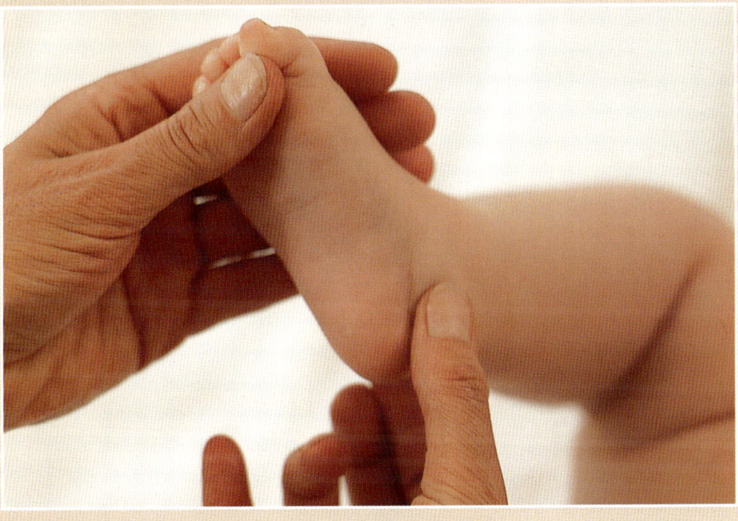

2 *Maintenez ses doigts de pied dans une main et utilisez l'autre pour masser doucement l'intérieur et l'extérieur de l'endroit à soigner. Ces mouvements sont bons pour détendre les tensions des hanches et de l'abdomen. Ils sont particulièrement adaptés en cas de gaz.*

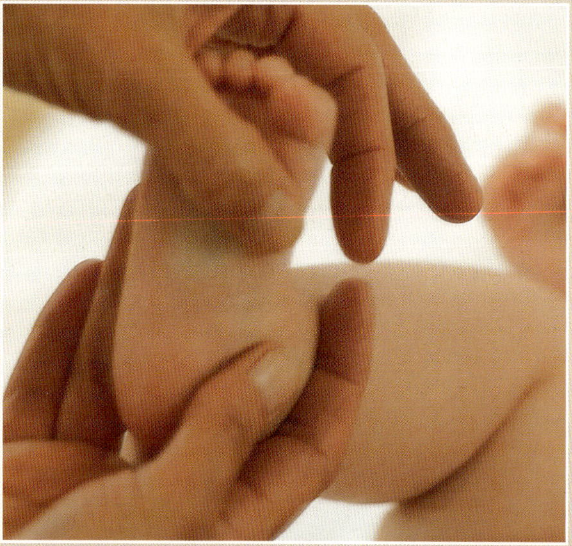

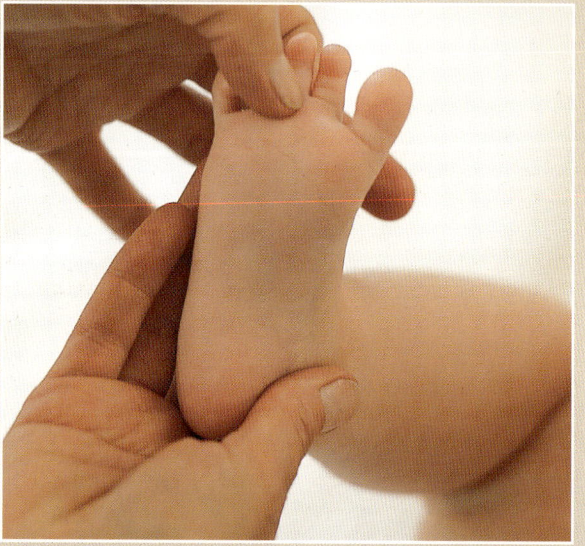

3 Faites courir vos doigts ou faites de petits cercles à partir de son talon jusqu'à son gros orteil vous déplaçant le long du cou-de-pied et vice versa. Répétez deux ou trois fois. Ce mouvement relie et détend le système nerveux.

4 Faites de petits cercles là où les orteils rencontrent la plante du pied. Du petit orteil au gros orteil et retour. Refaites-le encore une fois. Cette partie est reliée aux sinus.

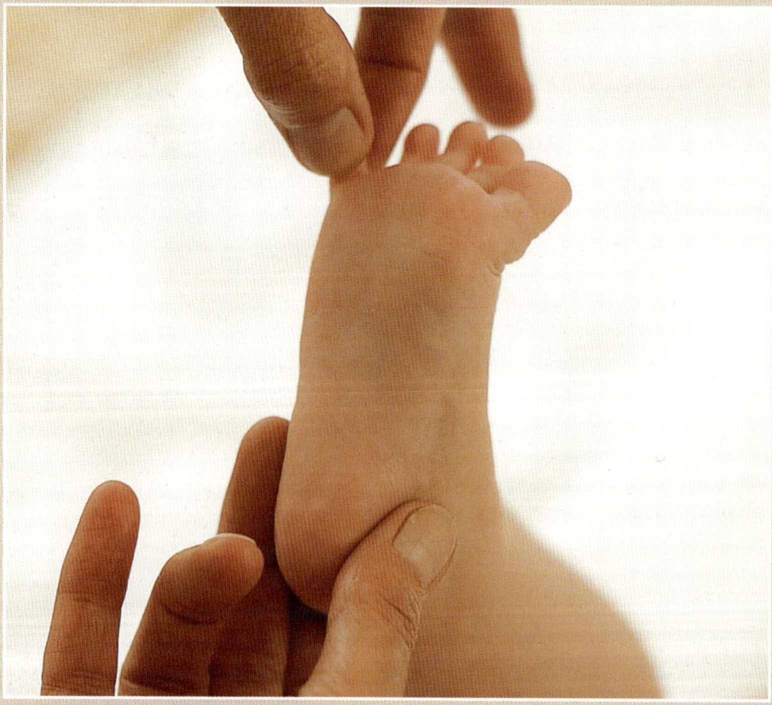

5 Récitez, si vous la connaissez, la comptine bien célèbre des Cinq doigts. Ces gestes relient aux oreilles, aux yeux, aux nerfs crâniens, aux os et tissus du crâne et des dents.

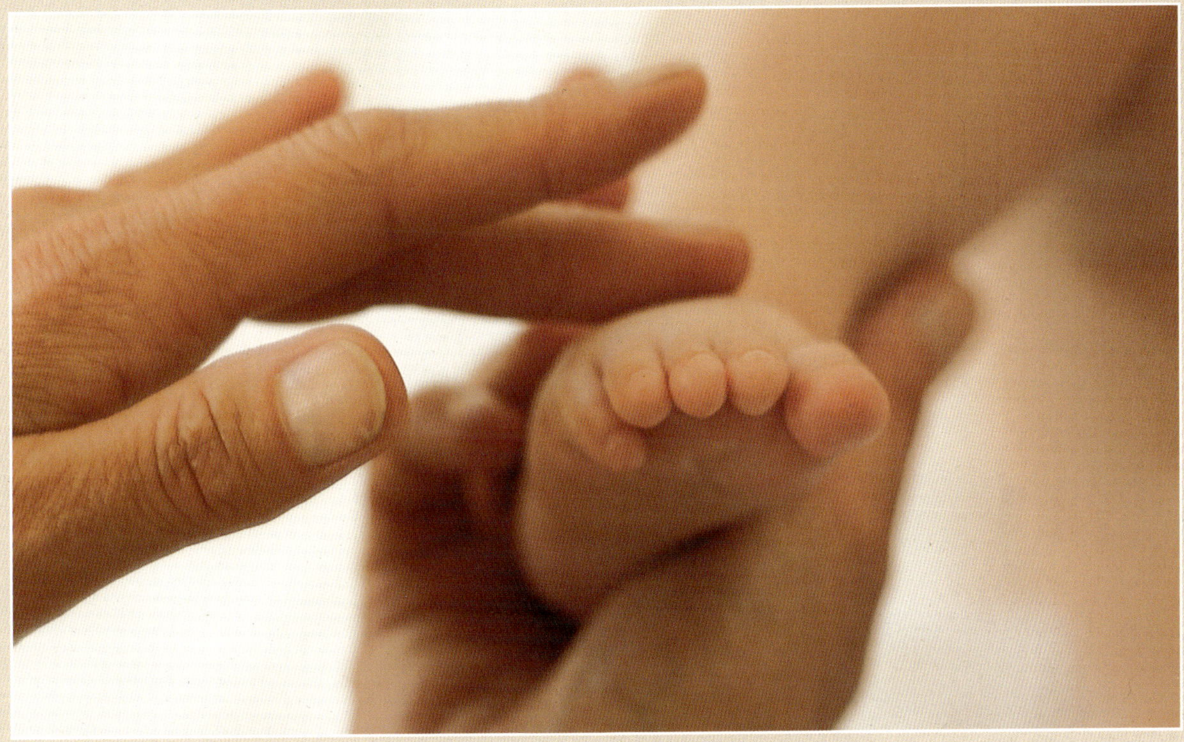

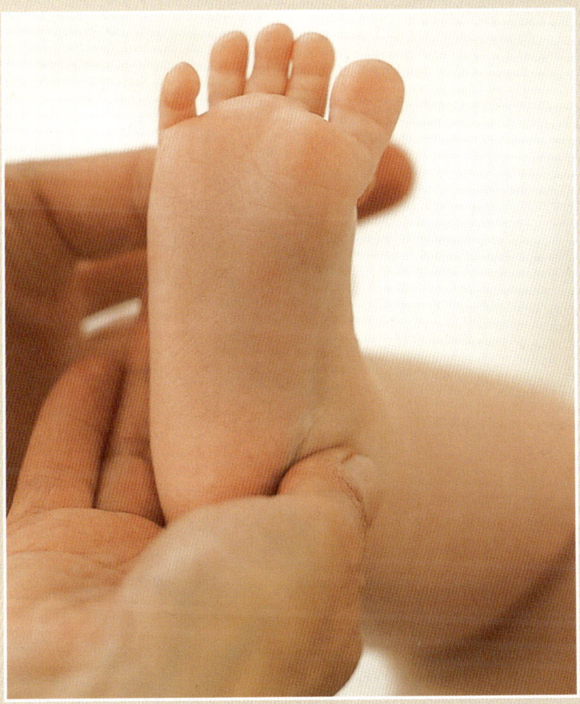

6 Frottez doucement le dessus de ses orteils pour favoriser le drainage lymphatique. Tapotez doucement au-dessus de son pied. Cette zone est reliée à la poitrine ce qui favorise l'évacuation des mucosités.

7 Premièrement, frottez doucement le haut de son pied, des orteils à la cheville, pour amener un étirement des orteils. Ensuite sur la plante du pied, frottez doucement des orteils au milieu du pied. Ses orteils se courberont en exerçant les muscles, ce qui drainera du sang frais et chaud vers cette partie du pied. La circulation en sera améliorée. Recommencez entièrement l'exercice sur le second pied.

Pourquoi des massages ?

Les massages sont à même d'apaiser de multiples façons votre bébé. Ils peuvent soulager les inconforts, ou douleurs provoquées par des troubles spécifiques. Quand vous le massez, votre bébé se sent rassuré et aimé. Son système immunitaire et sa circulation sont stimulés, tandis qu'une communication non-verbale s'établit entre vous et lui.

Le bien-être et la satisfaction de votre bébé seront favorisés par des caresses affectueuses qui permettront d'établir des liens affectifs profonds.

Comment les massages peuvent aider votre bébé

Le massage a un effet très positif sur de nombreux troubles dont peut souffrir un bébé. Voici quelques techniques que vous pouvez utiliser pour l'apaiser.

Soulager des problèmes digestifs, comme la colique et la constipation

Souvent les bébés naissent avec un système digestif qui ne fonctionne pas très bien. Les muscles impliqués dans les processus digestifs mettent trois mois à se développer. Ce qui explique les problèmes de coliques de temps en temps. Les bébés prématurés ont souvent la colique car leur système digestif est encore moins développé. L'étroitesse des muscles participe de leur difficulté gastro-intestinale. Ces tensions abdominales provoquent des gaz. Le massage aide à détendre les muscles, tout en les tonifiant et les développant. Ainsi le mouvement péristaltique du côlon devient plus fort et plus régulier soulageant de ce fait la constipation. Quand les bébés naissent, les muscles nécessaires à la digestion sont situés plus en arrière et sur les côtés de leurs corps. Les massages favorisent une meilleure position.

Soulager les tensions musculaires

Toute forme de tension musculaire crée une douleur chez un bébé. De nombreux bébés handicapés souffrent de spasmes musculaires, qui peuvent être soulagés par des massages. Notre corps a la possibilité de générer des hormones antidouleur que l'on appelle endorphines. Le massage augmente le flux de nutriments sanguins riches en sels qui transmettent ces substances antidouleur. Une pression douce et rythmée peut apaiser les nerfs et provoquer du confort en soulageant les tensions. Plus vous pratiquerez le massage, plus vos mains seront à l'écoute de votre bébé. Cela vous permettra d'augmenter la pression ou bien d'étirer doucement les zones de tension.

Utiliser de l'huile quand vous massez aidera vos mains à se mouvoir doucement sur le corps de votre bébé.

Aider la poussée dentaire

Pendant leur poussée dentaire, les bébés essayent d'attraper leur lobe d'oreille, il y a un point relié à la joue en acupuncture, juste sur ce côté de l'oreille. Vous pouvez aider votre enfant en frottant doucement ses yeux, sa joue et ses gencives. Cela apaisera le nerf et favorisera un flux sanguin qui aidera la dent à percer.

Aider votre bébé à se nourrir

Quelquefois les bébés ont des troubles avec le réflexe de succion surtout les prématurés. Les masser avant de les nourrir stimule leur système digestif. De ce fait, ils sont plus enthousiastes pour se nourrir et trouver le mamelon.

Quand le sevrage commence, il est bien de le masser avant de le nourrir, cela lui procure une sensation de faim. De sorte que son ardeur à s'alimenter puisse l'aider à surmonter sa répugnance et son hésitation à accepter le biberon.

Régler les problèmes de sommeil

Les massages adoucissent les muscles et permettent un apport de sang enrichi en oxygène dans le corps. Cela favorise une respiration plus profonde et une meilleure prise d'oxygène qui invite au sommeil. La séance d'entraînement passif de ses muscles mène votre bébé dans un

Un massage doux permet à votre bébé de se détendre et de plonger dans un sommeil profond et apaisant.

Comme les bébés passent beaucoup de temps dans la position horizontale, le flux sanguin peut être bloqué aux extrémités. Le massage améliorera la circulation. Il réchauffera les pieds et les mains de votre bébé.

COMMENT LES MASSAGES PEUVENT VOUS AIDER

Masser son bébé peut redonner à une mère ou un père découragé, des moments de qualité avec son enfant. La pression et la caresse, même le simple fait de jouer avec les pieds de votre bébé font surgir des instincts maternels qui vous aideront à sentir les besoins de votre bébé. En l'observant répondre et réagir pendant le massage cela suscitera en vous de l'intérêt et de la sensibilité. Les sentiments de découragement seront remplacés par un joyeux désir de rapprochement et de découverte. Le massage peut changer les sentiments d'une mère en éloignant d'elle le désespoir et les idées noires. Une fois que vous pouvez voir votre bébé vous répondre de manière positive, vous sentirez de façon profonde que vous êtes apte à faire face.

état de repos. Il plonge habituellement dans un long sommeil après un massage, il est donc bien de le faire avant une nuit de sommeil.

Améliorer la respiration

Un bébé deviendra grincheux et malheureux si son nez bouché lui provoque des difficultés respiratoires et si cela affecte son sommeil. Pendant le massage, la consommation d'oxygène dans le sang est augmentée et la stimulation supplémentaire aide le système immunitaire à traiter les infections mineures. Le tapotement très doux au-dessus du buste détache également les mucosités.

Améliorer la circulation

Les bébés ont souvent les mains et les pieds froids. Cela est dû en partie au développement des organes internes et à la demande supplémentaire du sang par le corps. Comme les bébés passent beaucoup de temps dans la position horizontale, il peut être difficile d'avoir une bonne circulation dans ces parties. L'augmentation de la circulation durant le massage permet au sang d'irriguer facilement le corps et de transmettre de l'oxygène et des substances nutritives dans les extrémités. L'alimentation en sang augmente la production de nouvelles cellules et fournit au cerveau un apport d'oxygène sain. À mesure que vous masserez le corps de votre bébé, vous le verrez vous répondre et vous constaterez que ses mains et ses pieds deviennent chauds.

Améliorer l'état de la peau

La peau de votre bébé s'accroît très rapidement. Sa texture peut être améliorée par le massage avec une huile d'amande douce ou de pépin de

Le massage stimule la confiance et la proximité entre la mère et le bébé.

raisin qui la nourrira. Ces huiles sont absorbées par la peau et ne bloquent pas les pores. Elles l'hydratent et l'alimentent, la maintenant souple et encourageant ainsi l'élimination des déchets connus sous le nom de toxines.

Amplifier le système immunitaire

Le système lymphatique fonctionne au ralenti approximativement de la naissance au troisième mois. Le massage stimule le mouvement lymphatique augmentant ainsi l'élimination des déchets qui autrement s'accumuleraient. Cela créerait plus tard des problèmes comme des toux ou des rhumes. Cela peut être plus facilement écarté au lieu de les traîner pendant des semaines jusqu'à leur extinction.

Le développement des muscles et des os

Le muscle et les os sont alimentés par le sang qui voyage à l'intérieur de nos corps. Avec des os et des muscles forts, votre bébé aura des membres et des mains davantage coordonnés. Une fois qu'il est capable de se tenir debout et d'être en équilibre, il obtiendra un grand plaisir. Sa mobilité et souplesse accrues lui permettront d'apprendre. Les bébés qui souffrent de handicap peuvent améliorer la stimulation et la tonalité de leurs muscles grâce au contact affectueux du massage qui peut devenir une habitude quotidienne bien plus agréable que n'importe quel travail.

Aider au rapprochement affectif

Le massage peut être fait dès le moment de la naissance afin de faciliter le processus de rapprochement affectif. En observant la réponse de votre bébé pendant le massage vous partagerez une communication profonde avec lui, créant ainsi de profonds liens affectifs. Le massage permet de mettre en place une véritable proximité affective. Une relation profonde s'établit et s'installe grâce à cette communication. Le massage développe ainsi la confiance et la proximité entre la mère et son bébé.

Avant de commencer

Masser est intuitif mais ceci vous aidera à savoir ce que vous devez faire avant de commencer. Pour que ce moment se passe le mieux possible pour chacun, assurez-vous d'avoir tout ce qu'il faut à proximité. Apprenez d'abord quelques notions sur les caresses et les séquences de massage. Puis communiquez avec les yeux, la voix et le toucher.

Souvenez-vous de conserver bien fermées vos huiles essentielles dans un endroit sombre, frais et sec. Remplacez toujours le bouchon dès qu'elles s'évaporent et mélangez-les avec votre choix préféré d'huiles de base.

TEST CUTANÉ

Avant de faire un massage, appliquez une petite dose d'huile de base (contenant des huiles essentielles diluées si vous en utilisez) sur la cheville ou le poignet de votre bébé. Une réaction intense peut survenir en moins de 30 minutes, mais attendez au moins 24 heures pour que tous les risques soient éliminés. S'il y a des signes d'irritation, n'utilisez pas cette huile.

Huiles de base

Avoir de l'huile sur vos mains quand vous massez permet de mouvoir doucement vos mains sur le corps de votre bébé. Les huiles essentielles ne doivent jamais être appliquées à même la peau, elles ont besoin d'être mélangées à une base d'huile végétale. Il n'est pas nécessaire d'utiliser des huiles essentielles pour le massage à moins de suivre les conseils d'un praticien qualifié. Les huiles de base peuvent être directement utilisées sur la peau. Vérifiez si votre enfant n'a pas d'allergie. Testez toujours l'huile sur une petite surface de peau du poignet. Vérifiez la réaction.

Les huiles minérales de base ne sont pas idéales pour le massage car elles ne restent pas sur la peau, et obstruent les pores. Tandis que les huiles végétales de base comme celles de pépin de raisin et d'amande sont généralement utilisées. L'abricot est considéré comme une huile hypo-allergénique très bien adaptée aux peaux sensibles. L'huile de pépin de raisin est fine et facilement absorbée tandis que celles d'amande et d'abricot sont plus épaisses. L'huile d'olive est également employée dans certains cas notamment pour les croûtes de lait car elle est épaisse et fortement nutritive. L'avocat et le jojoba sont deux autres huiles végétales souvent employées.

Comme les huiles de base proviennent de sources végétales, il vaut mieux les acheter dans de petites bouteilles. Pour prolonger leur vie, elles doivent être conservées dans un endroit frais et sombre.

Être prête

Le moment idéal pour le massage est le début de soirée avant d'alimenter le bébé car le massage favorise la détente et le sommeil profond.

Avant de commencer, rassemblez ce dont vous avez besoin. Une peau de mouton fera un merveilleux tapis car elle est douce et permet de maintenir au chaud votre bébé. Votre bébé peut être massé nu, s'il aime cela, ou bien vous pouvez isoler une partie de son corps pour travailler dessus et laissez le reste habillé.

Retirez vos bijoux et assurez-vous que vos ongles ne griffent pas. Décrochez le téléphone et éteignez la télévision. Mettez une musique

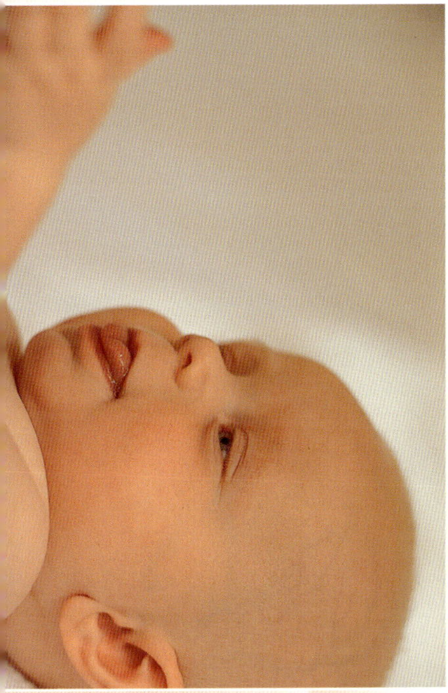

Ne limitez pas votre enfant. S'il veut se déplacer, laissez le profiter de ce jeu.

douce si cela vous plaît, mais assurez-vous que cela ne distrait pas votre attention de votre bébé. Adoucissez les lumières ou baissez les rideaux, si nécessaire, pour empêcher la lumière d'entrer. Assurez-vous que vos mains sont bien chaudes, frottez-les l'une contre l'autre si besoin. Mettez un peu d'huile dans la paume de vos mains et frottez-les ensemble pour rendre vos mains plus douces et plus réceptives. Remuez vos doigts devant ses yeux, en relâchant vos jointures et en attirant l'attention de votre bébé. Une fois que vous aurez fait ce massage plusieurs fois, votre bébé sera excité quand il vous verra faire cela, parce qu'il se souviendra vous l'avoir vu déjà faire.

Ce dont on doit se souvenir

Un massage complet du corps prend au moins 20 minutes, mais arrêtez-vous ou recommencez dès que vous en avez envie vous ou votre bébé. Les bébés ont des niveaux différents d'attention. Quand vous sentez que votre bébé en a assez, c'est le moment d'arrêter. Si votre bébé ne semble pas aimer certains mouvements ou que soient touchées certaines parties de son corps, prenez-en note et essayez d'observer ces endroits autant que possible pendant votre pratique quotidienne. Il doit y avoir certainement des tensions dans cette partie de son corps, qui peuvent être soulagées par la présence de vos mains qui restent sur ces muscles.

Parlez de façon encourageante à votre bébé pendant la durée du massage, ayez une voix et des gestes doux et tendres. Une merveilleuse communication apparaît avec le contact des yeux, aussi faites-en usage autant que possible durant le massage.

QUAND NE PAS MASSER

Dans certaines circonstances comme la maladie ou des troubles douloureux, il vaut mieux ne pas masser votre bébé :

- Si votre bébé est sous médicament, consultez un avis médical en premier lieu.
- Les bébés prématurés ont la peau beaucoup plus sensible et préfèrent souvent un câlin peau contre peau.
- Si votre bébé a des problèmes de reins.
- Si votre bébé souffre de problèmes du cœur.
- S'il souffre d'épilepsie.
- S'il a une forte température.
- S'il a une pression sanguine forte ou basse.
- Si votre bébé a des boutons ou des rougeurs (l'eczéma peut être aggravé, toutefois pas toujours), des abrasions, des gonflements, des entorses, des meurtrissures ou des fractures.
- Si votre bébé a été récemment vacciné.
- Si votre bébé a des problèmes de hanches vous devez éviter certains mouvements.
- Un massage ne devrait jamais être fait après une prise de nourriture. L'énergie de votre bébé est consacrée à digérer et à absorber tous les aliments. Dans l'idéal, il est bien d'attendre une heure et demie.

Préliminaires

Prenez tout ce dont vous avez besoin. La pièce où vous êtes doit être suffisamment chaude afin que votre bébé puisse se sentir confortable sans ses vêtements…

1 *Trouvez une position confortable de massage pour vous et votre bébé. Toutes les tensions de votre corps lui sont transmises. Il est donc essentiel que vous soyez à l'aise. Assurez-vous que la pièce est agréable et chaude mais aussi que vous n'êtes pas dans un courant d'air.*

2 *Essayez de vous asseoir sur le sol ou bien de l'étendre sur une table afin que vous puissiez vous asseoir sur une chaise ou vous tenir debout. Tapotez les épaules pour soulager les tensions enfouies depuis la naissance.*

3 *Vous pouvez apprécier de l'étendre ou de l'asseoir sur une serviette au creux de vos genoux avec vos jambes étendues ou pliées. Dans cette position vous êtes à une très bonne distance de votre bébé, il peut ainsi se concentrer sur votre visage.*

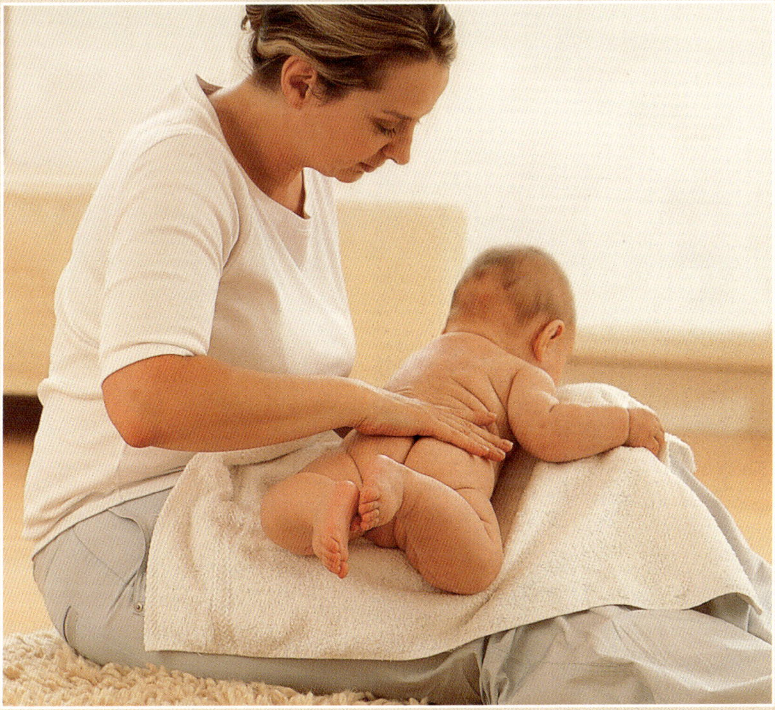

4 *De nombreux bébés qui n'ont pas passé beaucoup de temps sur leurs genoux aiment être étendus sur vos jambes pour un massage du dos.*

Massage quotidien

Le massage est fait de deux simples mouvements. Le premier destiné à la relaxation est long, lent, glissant et doux, le second nettement plus rapide, a pour but de stimuler. Beaucoup de mouvements peuvent être répétés quatre ou cinq fois, ou autant de fois que votre bébé le souhaite. Il n'est pas nécessaire de faire ces mouvements dans un ordre particulier ou bien même de les faire tous.

Ces massages quotidiens ont pour but d'être de simples guides, afin de vous relier profondément à votre bébé. Il vous faut juste suivre votre intuition et écouter à travers vos mains ce que votre enfant est en train de vous dire. Il n'est pas nécessaire à chaque fois de faire un massage complet, mais juste de vous laisser guider par lui. A la séance suivante reprenez là où vous vous êtes arrêtée afin que tout le corps de votre bébé soit massé.

Massage facial et frontal

Ce massage du visage et du front est une douce entrée en matière qui mène naturellement au reste du corps. Frottez vos mains ensemble pour les réchauffer avec une huile onctueuse. Souvenez-vous de garder toujours de l'huile à mesure que vous procédez au massage. Regardez votre bébé et parlez lui doucement.

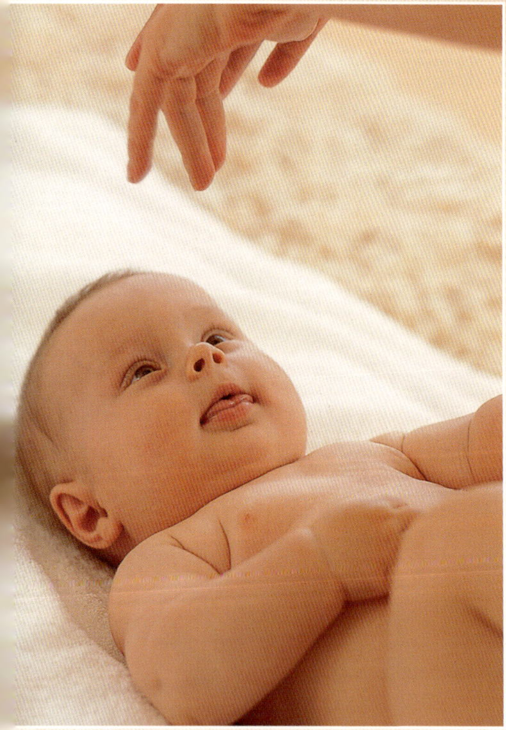

1 Étendez votre bébé sur le dos. Remuez vos doigts devant son visage pour attirer son attention. Détendez et assouplissez vos doigts.

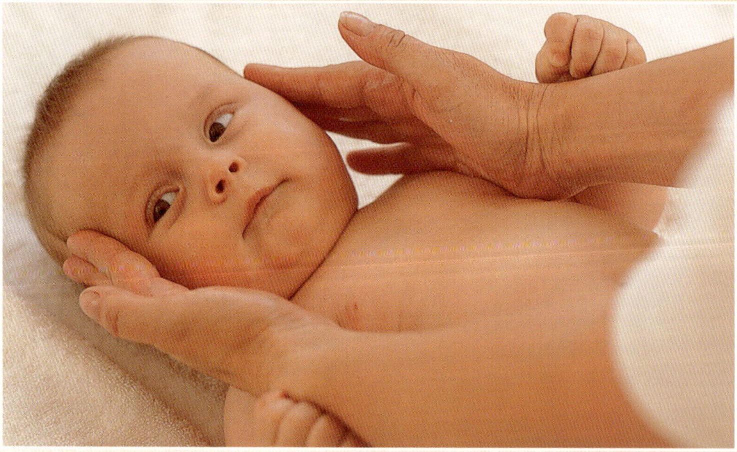

2 Faites aller vos doigts du centre du front vers les parties externes puis faites quelques cercles autour de ses tempes plusieurs fois. Déplacez vos mains vers sa mâchoire et le côté de son cou. Maintenant avec les deux mains allez des bords du nez vers les joues. Cela favorise le drainage lymphatique.

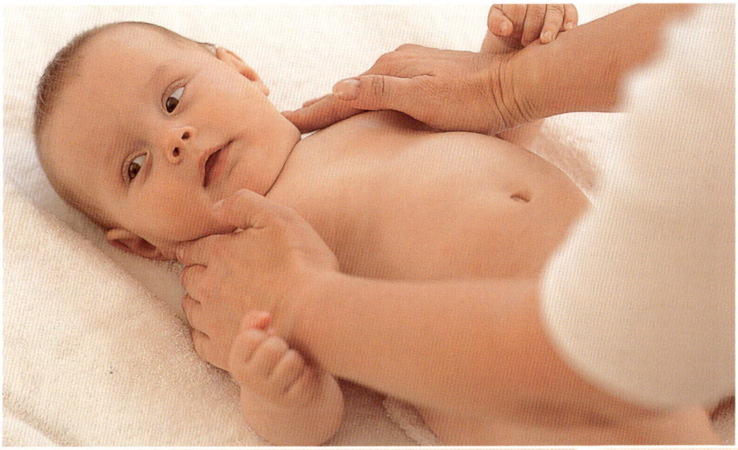

3 Lentement et doucement déplacez vos mains sur ses épaules et ses aisselles. Assurez-vous d'avoir suffisamment d'huile sur vos mains pour glisser facilement sur son corps. Souvenez-vous que vos mains absorberont l'huile. Vérifiez si elles ne sont pas trop sèches.

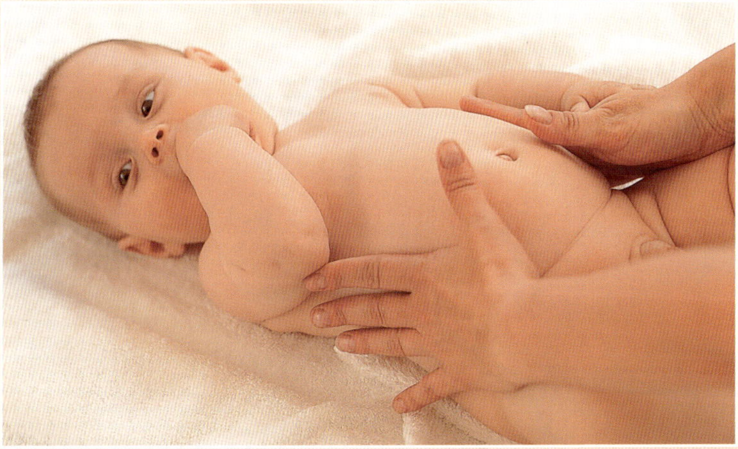

4 Continuez ce mouvement le long de son corps puis sur le devant deux ou trois fois.

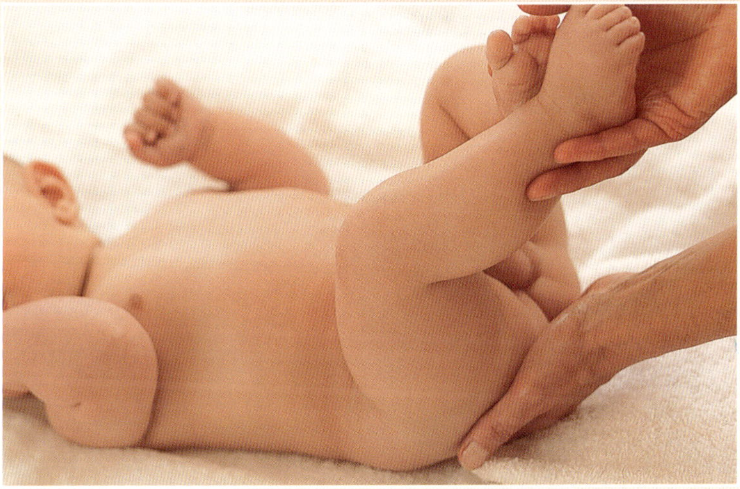

5 Tenez ses pieds en l'air avec une main et glissez l'autre main sous ses fesses à la base de la colonne vertébrale. Ce secteur nerveux conduit au système digestif. C'est un endroit très doux pour le massage. Enveloppez cet endroit avec vos doigts, faites-le cinq ou six fois. Demandez à votre bébé comment il se sent aujourd'hui.

Massages des jambes

Souvenez-vous de maintenir vos mains suffisamment huilées afin de pouvoir glisser facilement sur ses jambes tout en maintenant son attention avec des paroles tendres. Pour commencer, glissez vos deux mains sur ses jambes, de sa cuisse jusqu'à ses doigts de pied. Faites chaque jambe l'une après l'autre.

1 *Entourez votre main autour de sa cuisse et placez votre autre main à l'arrière de la cuisse. Faites glisser vos deux mains jusqu'à sa cheville. Puis avec la même position de main, glissez doucement une main après l'autre, de la cuisse à la cheville. Ne serrez pas et ne tirez pas la jambe. Assurez-vous qu'il y a de l'huile sur le pli de sa cuisse.*

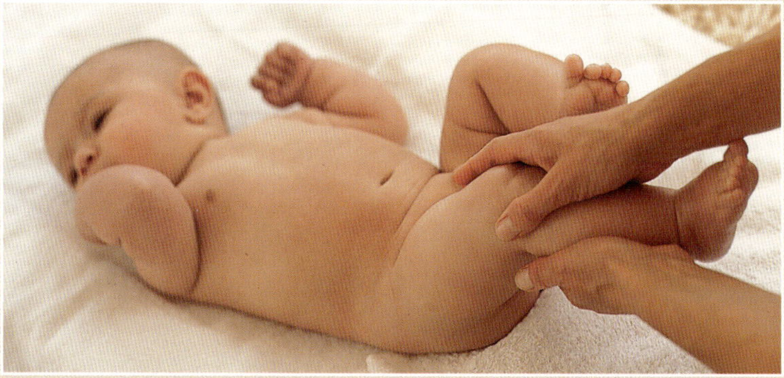

2 *Utilisez votre pouce ou vos deux doigts en faisant des mouvements circulaires rapides. Déplacez-vous de bas en haut à l'intérieur et à l'extérieur de sa jambe. Faites cela deux fois. Essayez de fondre vos doigts à l'intérieur de la chair de sa jambe pour stimuler la circulation. Répétez l'étape 1.*

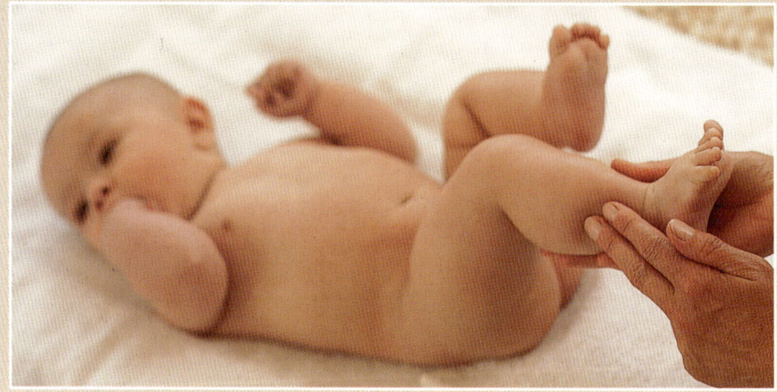

3 *Tenez sa cheville et placez votre autre main comme si elle avait la forme d'une coupe sous son mollet. Doucement et légèrement faites une pression de sa cheville vers le haut. Revenez à la cheville, puis recommencez une seconde fois afin de détendre et tonifier les muscles de la cuisse. Cela développera la circulation. Répétez l'étape 1 avant de refaire les mêmes mouvements sur la seconde jambe.*

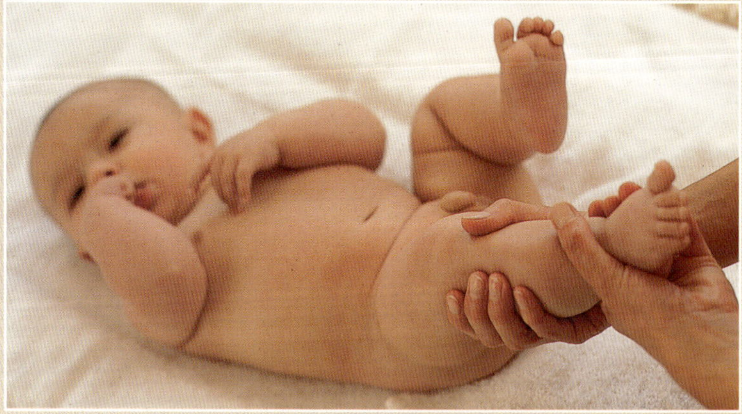

Massage du ventre et de la poitrine

Les bébés pleurent souvent quand vous posez vos mains sur un endroit où ils éprouvent une gêne. Pour réconforter votre bébé, utilisez un ton doux, continuez de lui parler, dites-lui ce que vous êtes en train de faire puis demandez-lui s'il aime cela. Assurez-vous que vos mains ont suffisamment d'huile sur elles afin qu'elles puissent facilement glisser sur sa peau.

1 *Glissez une main sous ses fesses à la base de son épine dorsale puis soulevez ses pieds avec votre autre main. Faites de petits mouvements circulaires dans le sens des aiguilles d'une montre puis dans le sens inverse. Essayez de maintenir le contact des yeux. Revenez à ces mouvements si votre bébé commence à pleurer pendant le massage du ventre.*

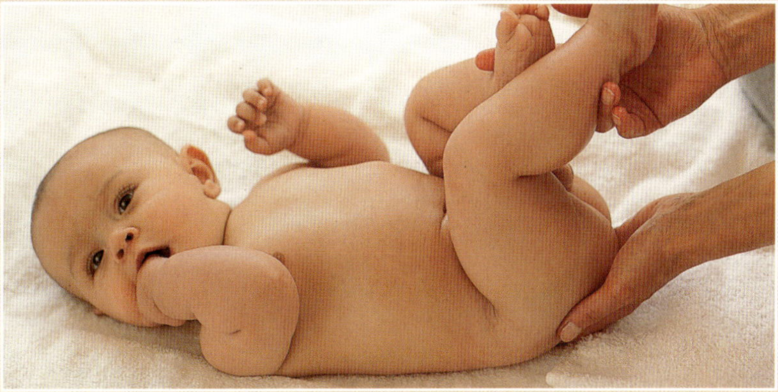

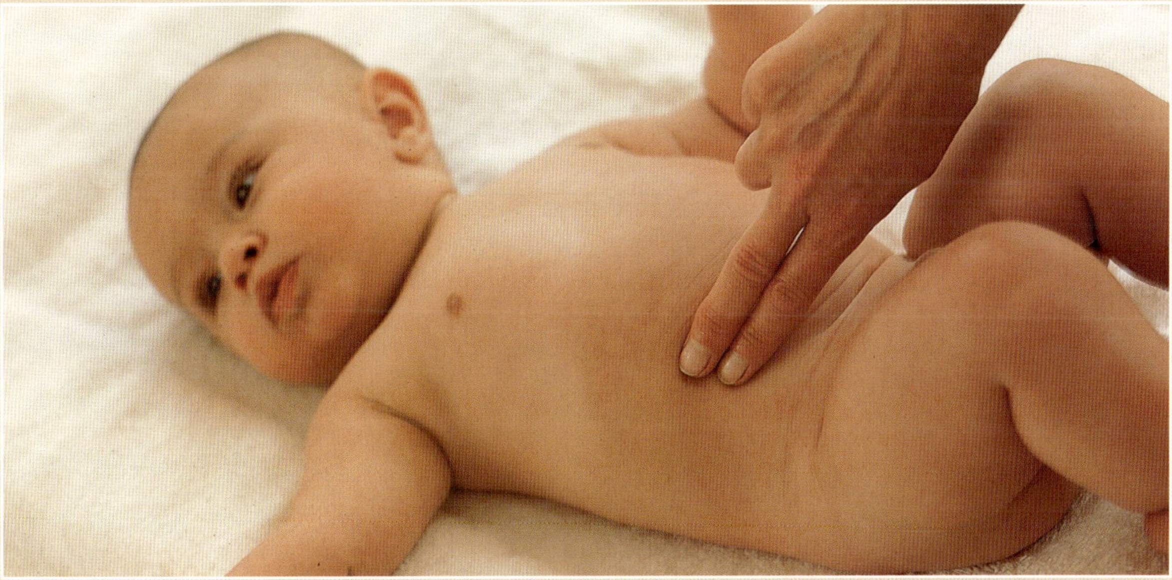

2 *Utilisez deux doigts, sans pression, en faisant de minuscules mouvements autour de son ventre dans le sens des aiguilles d'une montre. Partez de sa jambe droite, passez au-dessus de son nombril puis revenez vers sa jambe gauche. C'est là que vous devriez pouvoir sentir et alléger les matières solides qui provoquent la gêne et la constipation.*

3 Étendez votre main comme un éventail et moulez votre paume selon la forme de son ventre. Tracez un cercle long et lent en un mouvement continu au-dessus de l'abdomen de votre bébé sans exercer de pression. Faites cela deux fois. Maintenant faites glisser doucement une main après l'autre de son flanc, sous la dernière côte, vers son nombril. Recommencez plusieurs fois de chaque côté.

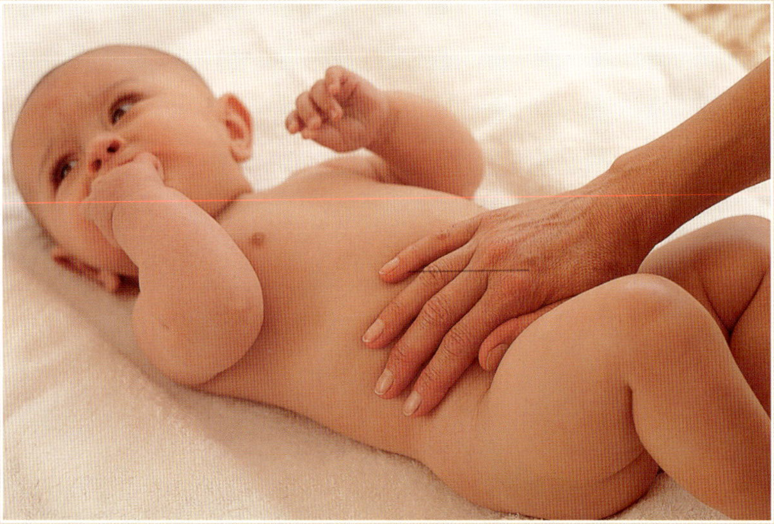

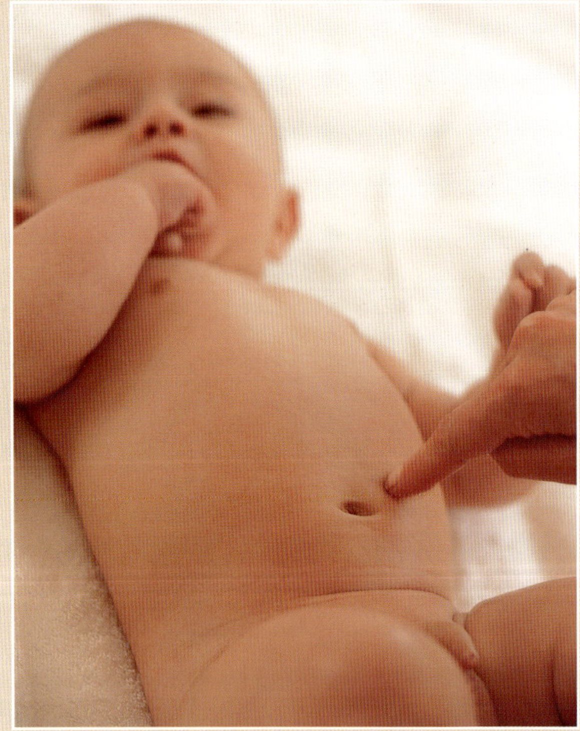

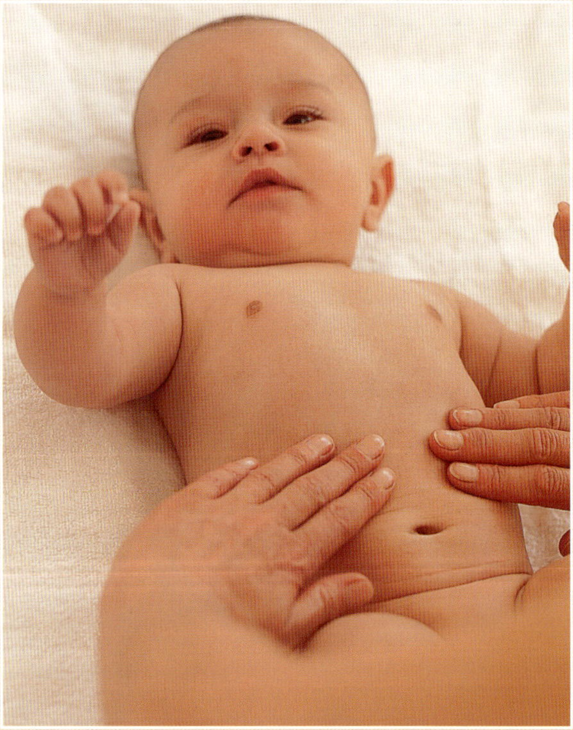

4 Si le nombril de votre bébé est protubérant, faites de petits mouvements autour mais ne le touchez pas et ne le pressez pas. Cela stimule le muscle et encourage le nombril à rentrer.

5 Utilisez vos deux mains ensemble et glissez de la base du sternum jusque sur les côtés en suivant la cage thoracique là où elle s'incurve sur les côtés.

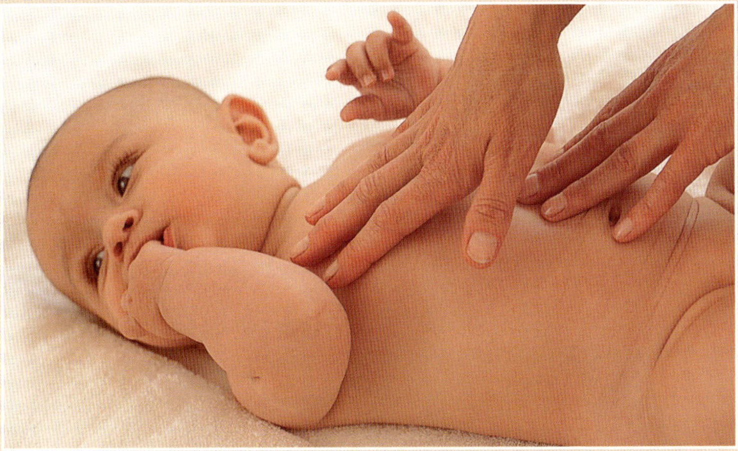

6 *Laissez les bouts des doigts et la paume de la main suivre votre autre main. Déplacez-vous diagonalement de l'épaule à la hanche. Répétez sur l'autre diagonale.*

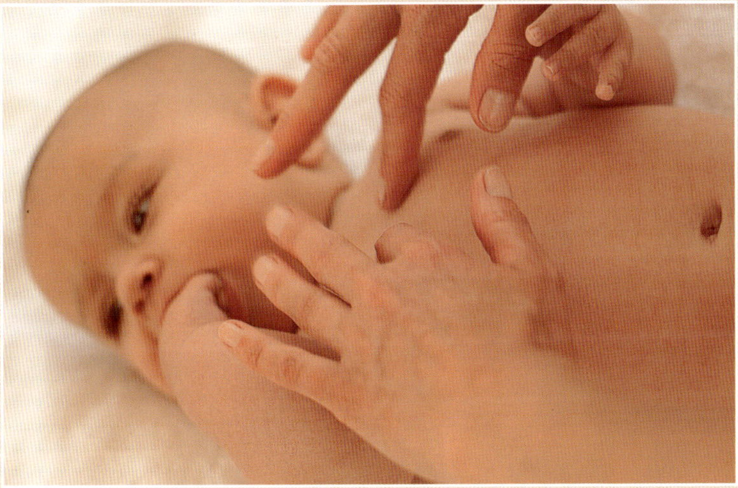

7 *Tapotez doucement vos doigts sur la poitrine de votre bébé. Cela l'aidera à éliminer les mucosités et le soulagera de ses tensions surtout s'il a attrapé froid ou s'il est fragile au niveau de la poitrine. Souvenez-vous de rester reliés par la voix et les yeux.*

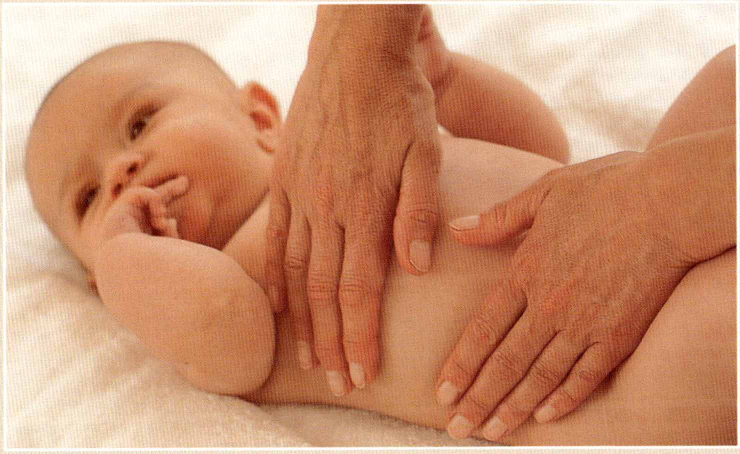

8 *Placez les deux mains sur les côtés de votre bébé et glissez doucement en maintenant vos mains séparées. L'une va vers la hanche tandis que l'autre se dirige vers son aisselle. N'étirez pas trop fortement la peau de votre bébé.*

Massage des bras et des épaules

Beaucoup de bébés pleurent quand vous commencez à masser leurs épaules surtout si cet endroit a subi des tensions au moment de la naissance. Souvenez-vous de parler affectueusement à votre bébé en le regardant fixement dans les yeux. Maintenez vos mains bien huilées afin qu'elles glissent le long de sa peau.

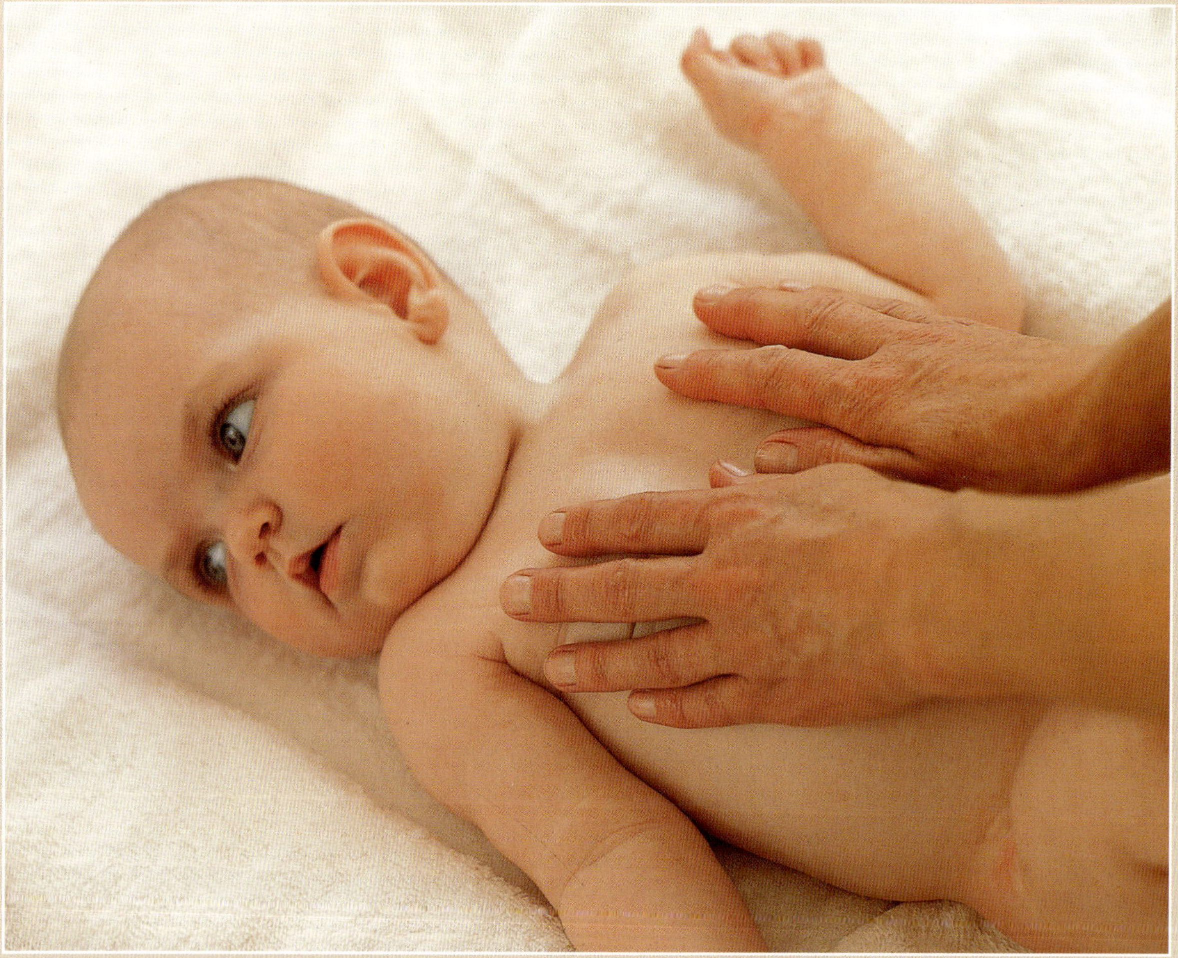

1 *Glissez les mains vers le haut, en partant du ventre de votre bébé, puis au-dessus de ses épaules et enfin vers le bas de ses bras. Détendez les muscles de ses épaules et soulagez la tension de son cou.*

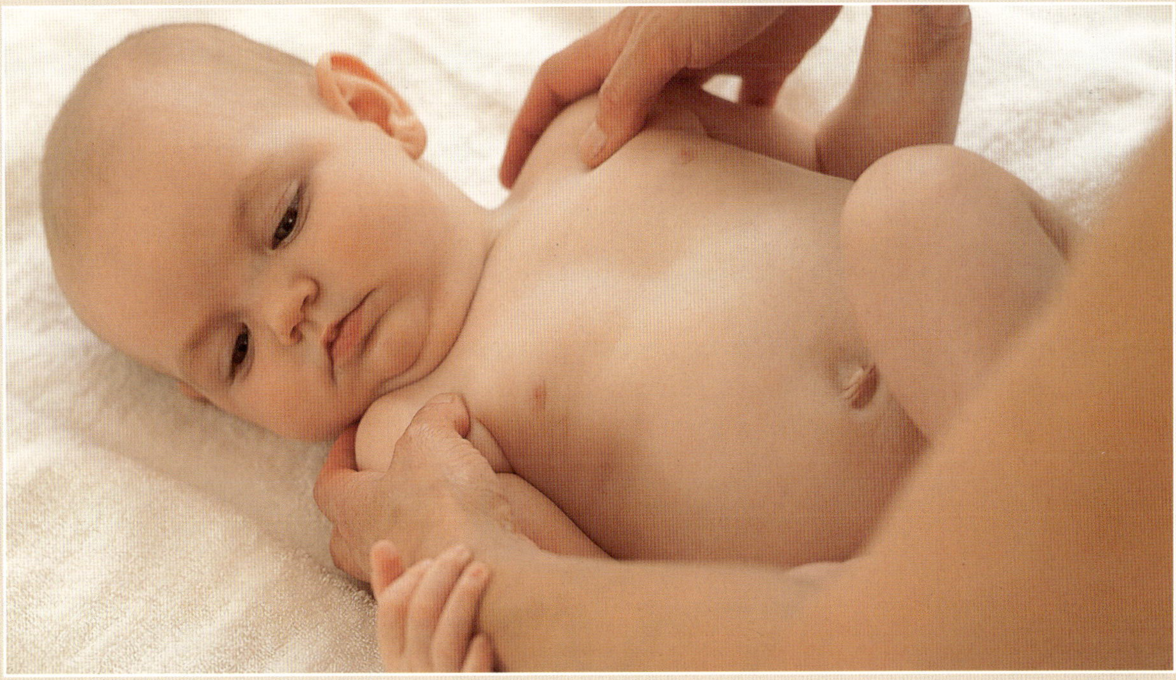

2 Utilisez les deux mains, massez doucement depuis les épaules vers les bras. Serrez doucement et caressez les bras. La circulation augmentée et les mouvements amplifiés soulageront ainsi ses tensions. Pincez doucement les épaules. Murmurez avec affection pour rassurer le bébé, car il est probable qu'il se raidisse. Ne le forcez pas, ne tirez pas ses bras – laissez-le faire quand il voudra.

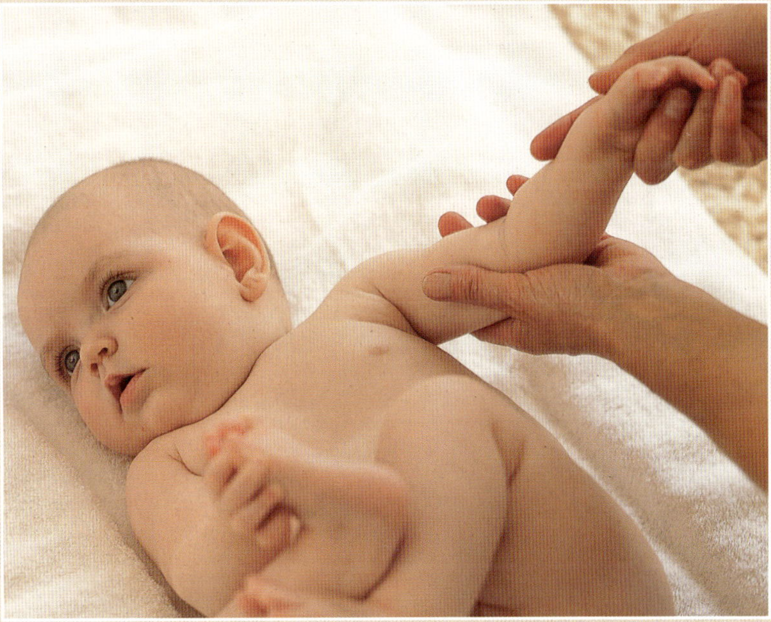

3 Utilisez les deux mains, massez du cou vers les épaules jusqu'en haut du bras. Entourez votre main autour du haut de son bras. Tirez doucement et glissez votre main vers son poignet, une main glissant après l'autre.

4 Faites glisser sans forcer son bras vers son buste. Ne faites pas de mouvement qu'il n'aime pas. Effectuez des petits cercles le long de l'extérieur de son bras puis glissez doucement vos mains vers son poignet. Ré-ouvrez lentement et doucement son bras. Aidez-le à être plus souple et à se mettre dans l'alignement du muscle. Répétez les étapes 3 et 4 avec l'autre bras.

5 Prenez doucement sa main pour lui faire rencontrer le genou opposé. Recommencez sans forcer. Exécutez ce mouvement seulement si votre bébé se sent à l'aise.

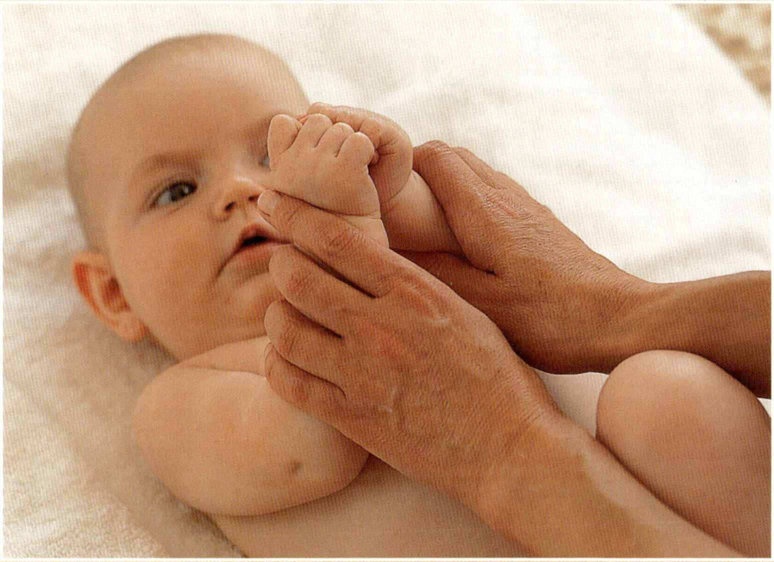

6 Tapez tous les deux vos mains ensemble puis récitez une comptine. En lui faisant reconnaître certains bruits amusants et en le laissant répondre vous stimulerez ses cellules cérébrales.

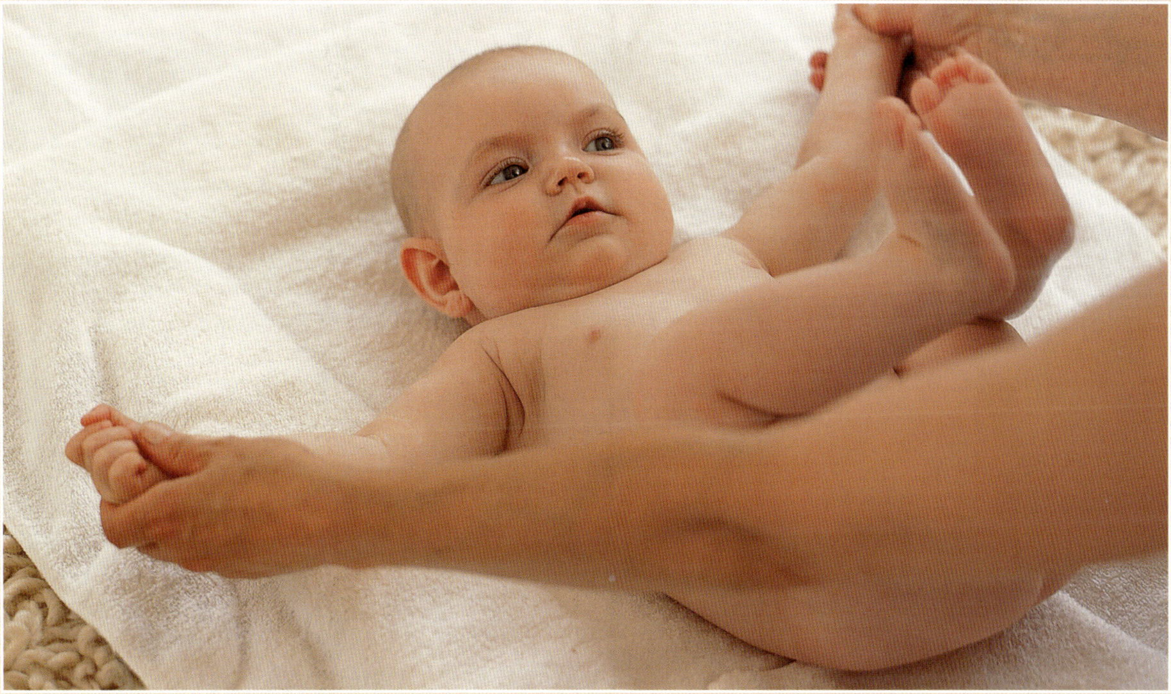

7 Ouvrez largement ses bras, en un mouvement doux et lent. Puis jouez avec lui la comptine « coucou », cela détendra ses épaules, ses tendons et les ligaments supérieurs du bras. Terminez par de longues et douces caresses des paumes sur son bras, sur le bas puis sur le haut de son corps. Exécutez ces mouvements comme si vous dirigiez un orchestre.

Massage du dos

Étendez votre bébé sur l'estomac. Laissez-le, lui-même, placer ses bras afin qu'il puisse se soulever. Il décidera de lui-même comment il veut se positionner. Pour le rassurer, continuez de lui susurrer des mots doux. Conservez suffisamment d'huile sur vos mains pour masser doucement tout son corps.

1 *Déplacez vos mains tout le long du corps, en allant de ses pieds à ses épaules. Recommencez deux ou trois fois. Massez ses côtés en suivant doucement les courbes de son corps. Tapotez la partie supérieure de son dos pour détacher les mucosités.*

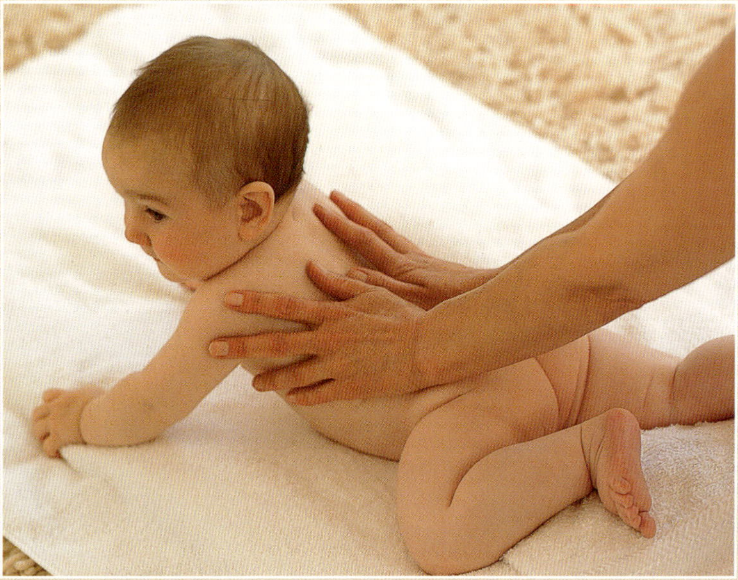

2 *Utilisez vos pouces en faisant de petits cercles doux tout autour de ses fesses, en allant du centre vers l'extérieur. Cela l'aidera à se relaxer et tonifiera les muscles proches des articulations des hanches. Massez doucement ses flancs avec vos mains en remontant vers ses épaules.*

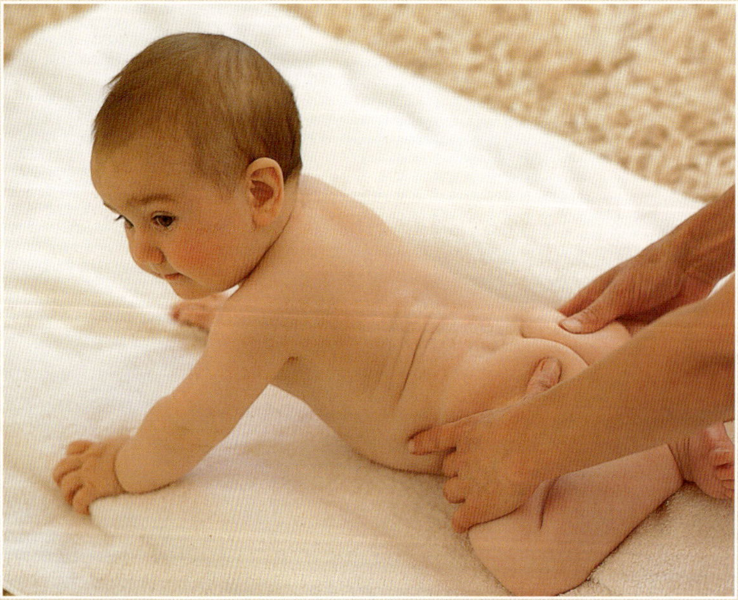

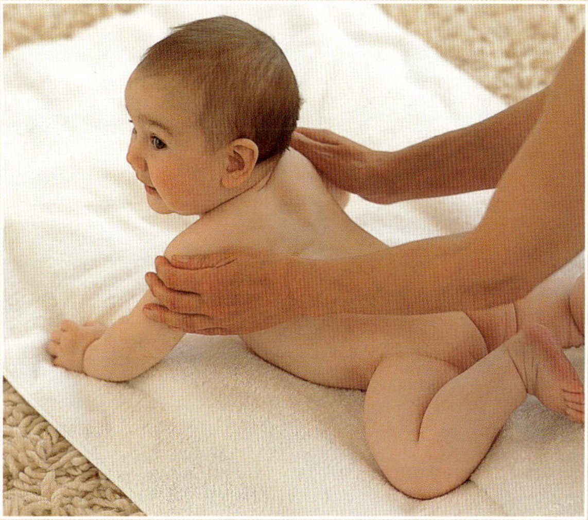

3 Débutez le massage au bas de son épine dorsale. Utilisez le dos de vos mains pour faire glisser vos doigts vers l'extérieur de sa colonne vertébrale. Répétez ce mouvement en travaillant le haut vers ses épaules. Après, utilisez de nouveau vos paumes pour masser son dos.

4 Pressez affectueusement la partie charnue de ses épaules pour soulager les tensions. C'est un endroit sensible. Massez-le doucement. Avec vos doigts, déplacez-vous de l'épine dorsale jusqu'aux épaules en exécutant un massage doux. Effleurez ses bras et revenez au dos. Dans un mouvement continu, faîtes de même jusqu'aux fesses et remontez.

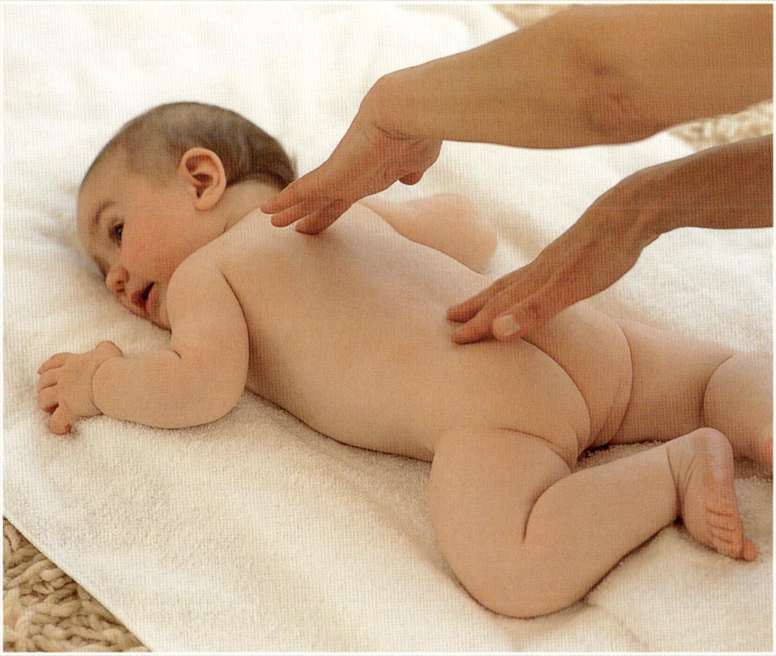

5 Terminez le massage du dos en massant à plusieurs reprises chaque côté de l'épine dorsale. Glissez du haut du dos jusqu'à ses fesses. Commencez le massage avec vos mains entières et terminez-le avec quelques doigts, puis avec seulement un doigt léger comme une plume.

Massage du visage

Beaucoup de bébés n'apprécient pas, au début, le massage du visage. Mais plus vous le ferez, plus ils l'apprécieront. Pour réconforter votre bébé parlez-lui tendrement, vous pouvez aussi fredonner, chanter ou faire des petits gazouillis continus. C'est en quelque sorte un massage sonore. Il est bien de le faire car vous êtes maintenant de plus en plus proches. Dans vos mains frottez un peu d'huile pour qu'elles puissent glisser doucement sur sa peau.

1 *Commencez par les ailes du nez. Massez doucement en faisant des cercles sur ses joues puis déplacez-vous vers ses mâchoires. Cela favorise le drainage lymphatique et peut libérer un nez bouché.*

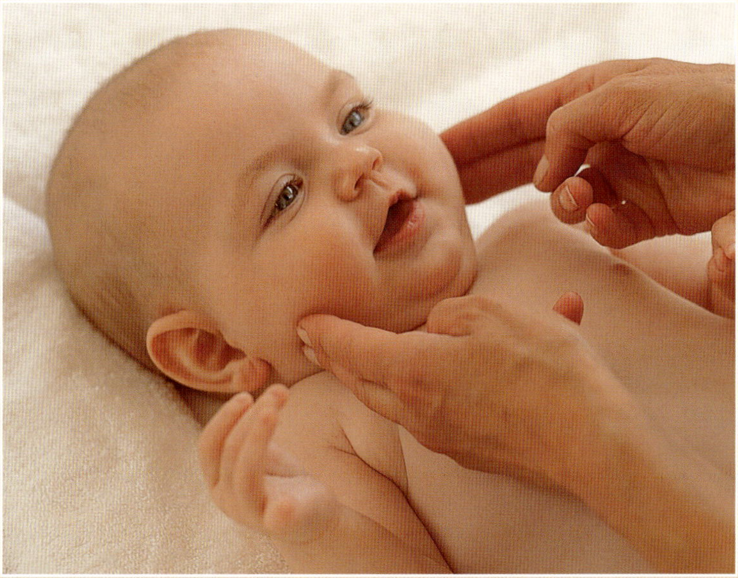

2 *Détendez et tonifiez les muscles des mâchoires en faisant des petits mouvements circulaires sur les mâchoires, la joue et sur l'os de la mâchoire. Utilisez le côté de vos doigts. Cela soulagera les douleurs dentaires.*

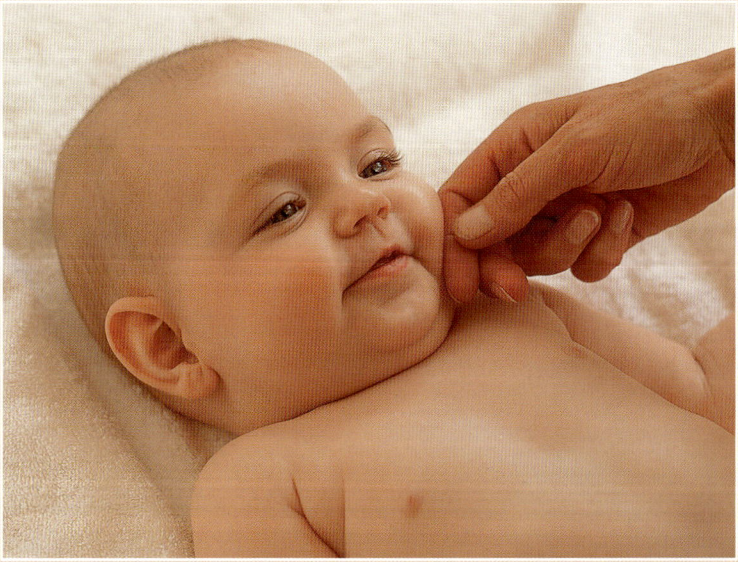

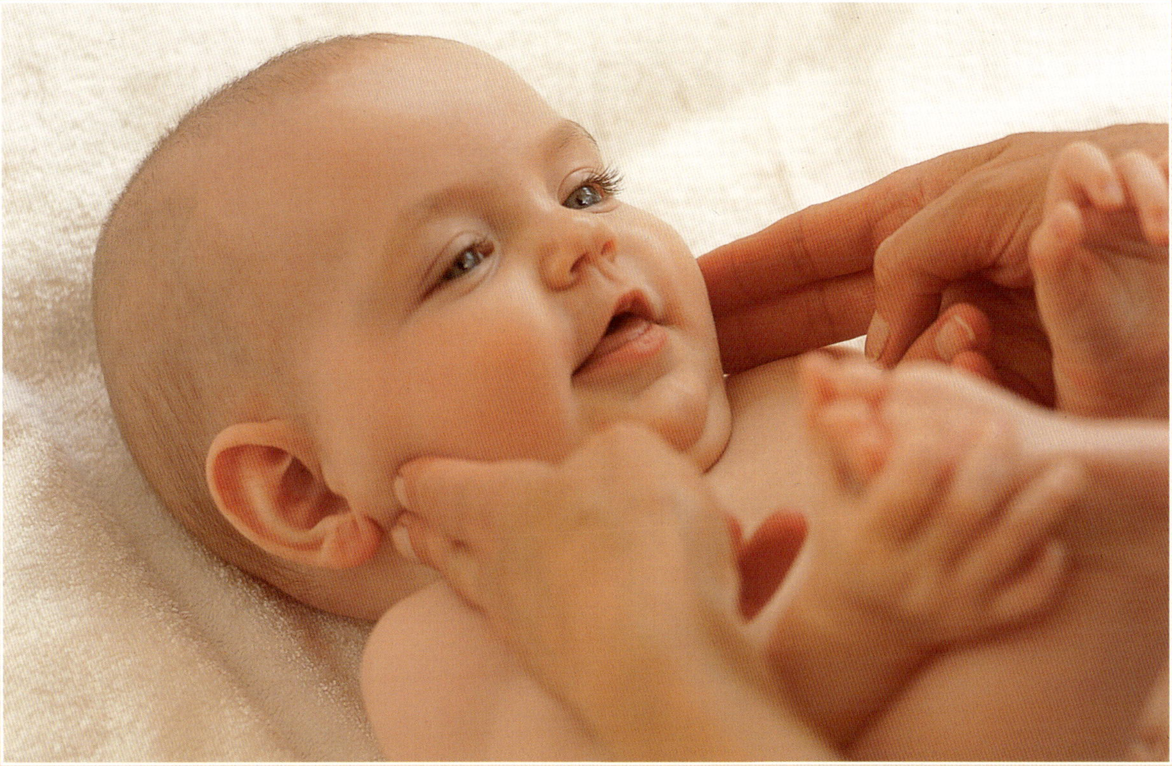

3 *Massez doucement en faisant des cercles sur la joue et sur les côtés du cou. Cela soulagera les douleurs dentaires.*

MASSAGE DES TEMPES

Caressez affectueusement avec vos pouces le front de votre bébé jusqu'à ses tempes. Vous pouvez préférer changer de position afin de vous asseoir derrière sa tête. Ainsi vous pouvez le regarder. Exécutez par trois fois des cercles, et glissez vers sa mâchoire. Glissez du haut du nez vers le bout du nez, en alternant les doigts. Le massage des tempes permet de stimuler le drainage lymphatique.

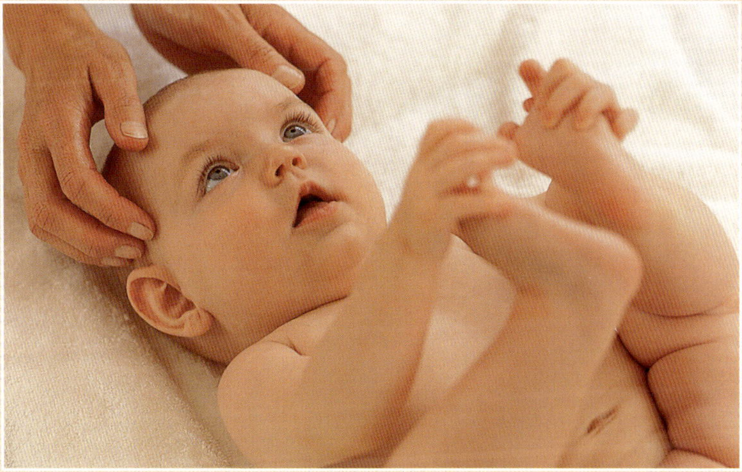

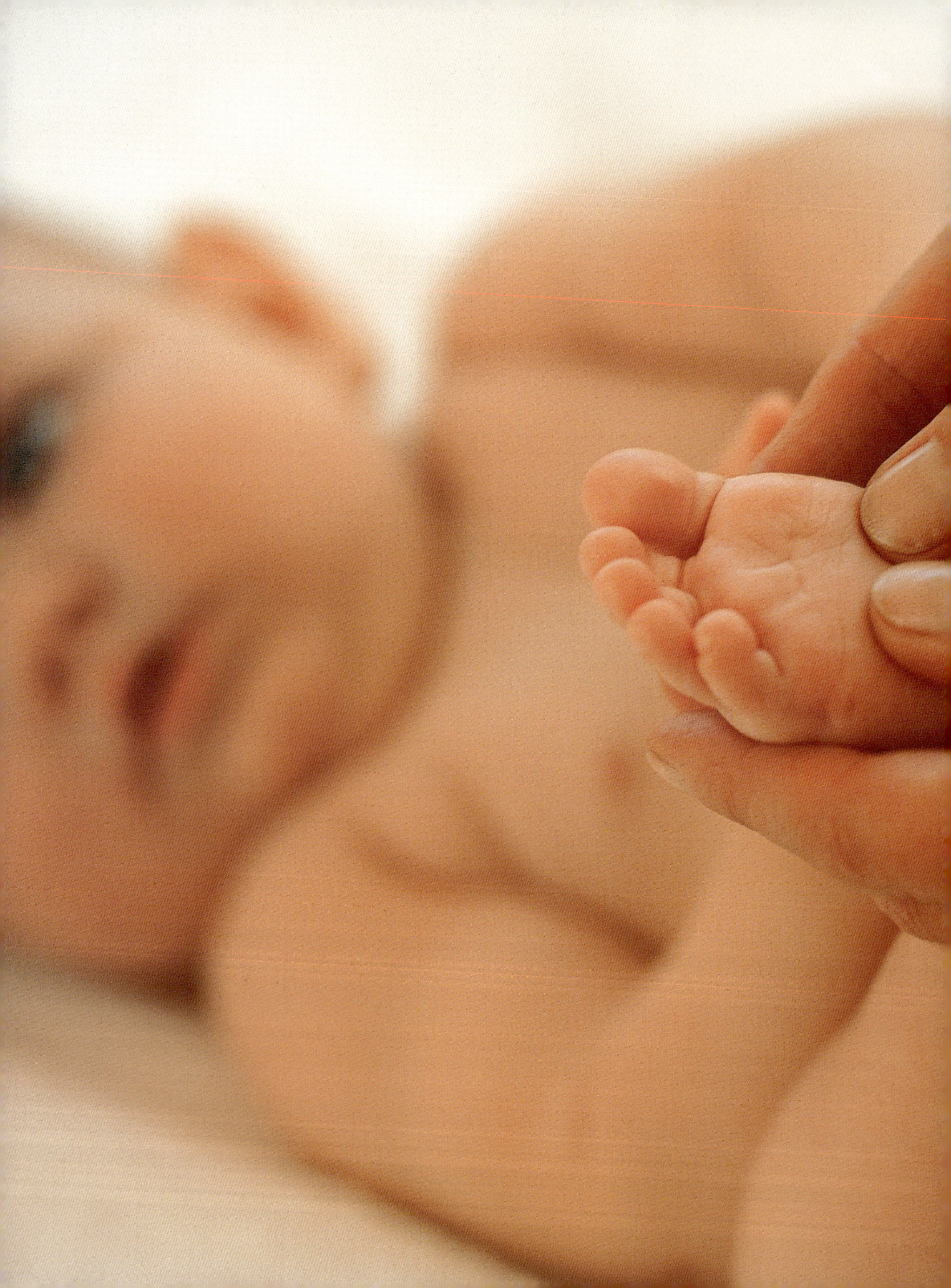

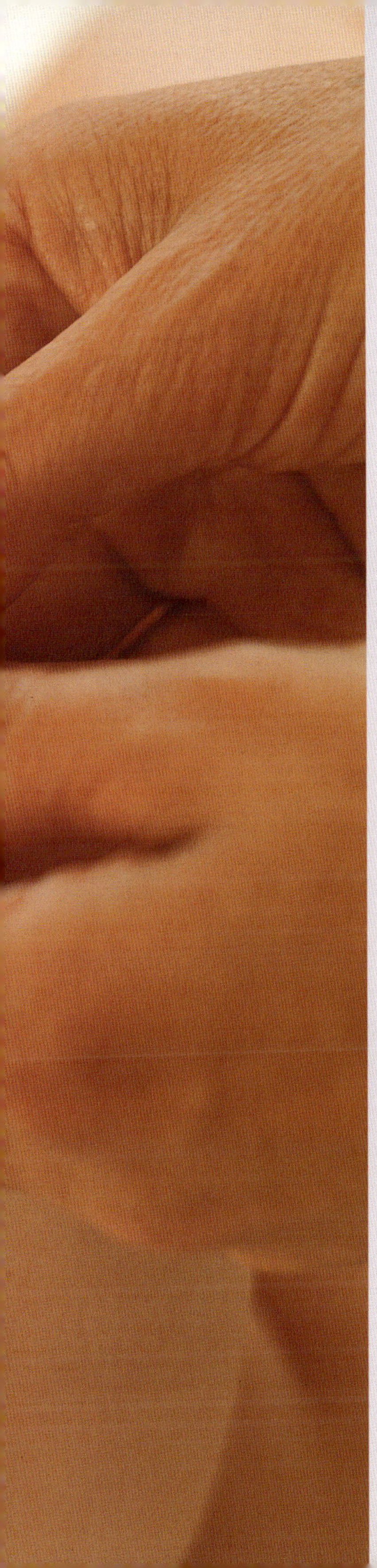

Remèdes naturels

Problèmes digestifs

Le système digestif d'un nouveau-né n'est pas complètement développé. C'est une des raisons pour lesquelles il souffre de gaz, de constipation et de diarrhée. Pour soulager votre enfant, il convient de beaucoup le porter, de le tenir, de le bercer et de le masser si c'est possible. Il existe également des thérapies qui peuvent lui venir en aide.

Certains bébés qui souffrent de coliques se sentent bien si vous les soutenez sur le haut de votre épaule. Un massage doux du dos et une voix tendre peuvent également les apaiser.

La colique

Si votre bébé souffre de coliques, cela peut être très difficile à vivre pour votre famille car votre enfant pleurera beaucoup surtout au moment de la soirée et il sera difficile à consoler. De nombreuses coliques sont provoquées par des gaz retenus ou des crampes d'estomac provoquées par les contractions du côlon. Cela peut être aussi quelquefois dû à des problèmes crâniens liés aux conditions de la naissance.

Quelle que soit la cause, votre enfant ne peut rien y faire, et il semble que vous-même ne puissiez rien y faire. Quoi que vous fassiez, il continue de pleurer, d'être raide et contrarié. Son visage est tout rouge. Les coliques peuvent affecter votre moral et votre relation avec votre enfant au point que vous vous sentiez désespérée et découragée de ne pouvoir l'apaiser. Il est important de se rappeler que votre bébé souffre beaucoup plus que vous.

Ce que vous pouvez faire

Il est essentiel que quelqu'un puisse vous aider dans les moments les plus éprouvants de la journée. Cela vous soulagera de vos tensions provoquées par l'inquiétude et le manque de sommeil. Le meilleur moyen d'être aidée est de faire appel à votre famille, à des amis, à des voisins, à des crèches ou bien à d'autres mères. Ils pourront être d'un secours providentiel car ils auront plus de distance vis-à-vis du problème étant donné qu'ils ne sont pas la mère et qu'ils ne sont pas impliqués vingt-quatre heures sur vingt-quatre. Aussi s'ils accomplissent un bon travail, ne vous comparez pas à eux, cela pourrait vous contrarier.

Ce n'est pas une bonne idée de laisser un bébé crier. Il pourrait se sentir malheureux et avoir la sensation d'être abandonné. Cependant, pour conserver votre moral, vous devriez allonger votre bébé sur le sol entouré de coussins ou le laisser dans le jardin quelques minutes dans une voiture d'enfant pour vous accorder le temps de reprendre votre calme. Vous pourrez ainsi mieux faire face aux cris.

Essayez de sortir votre bébé en voiture ou en poussette. La sensation du voyage, associée au bruit de la voiture peut quelquefois apaiser des cris.

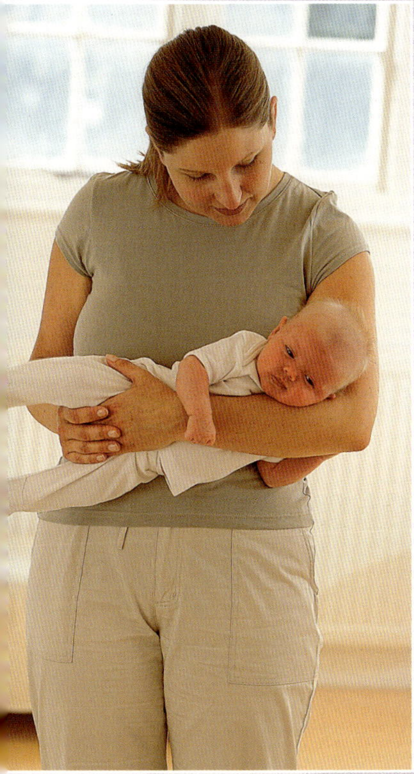

Beaucoup de bébés victimes de coliques aiment être tenus dans cette position car le poids de leurs corps crée une pression sur leur estomac qui permet de faire évacuer les gaz emprisonnés.

Attacher votre bébé sur vous grâce à un porte-bébé a également un effet apaisant. Cela peut sembler un inconvénient mais votre odeur, ainsi que le mouvement et le contact personnel, l'aideront à se calmer. À la différence de la position allongée, la pression sur le ventre et le dos est moins forte. Votre mouvement naturel permet aux gaz de s'éliminer.

Essayez différentes positions avec votre bébé afin de découvrir la position qui le soulage le mieux. Certaines mères trouvent que de porter leur bébé sur le haut de l'épaule est une position confortable. Les bébés sont aussi soulagés par un bain chaud pris avec leur mère ou leur père.

Les gaz bloqués provoquent des coliques, ce qui est particulièrement douloureux. Un bébé qui en est victime essaiera de replier ses jambes vers son ventre. Pendant ces moments-là, il ne faut pas le laisser crier longtemps car il peut avaler de l'air quand il pleure. Le bercer régulièrement est efficace en cas de gaz légers. Tenez-le dans une position droite et massez-lui doucement le dos. Quelquefois le fait de le tenir et de marcher peut être une solution. Tenez-le tendrement jusqu'à ce que les gaz s'éliminent. Lui parler doucement vous aidera à le rassurer et vous-même à rester calme. Lui masser ses jambes en le faisant pédaler peut le soulager tant qu'il n'a pas de problèmes de hanches.

SOUVENEZ VOUS QUE CELA PASSERA

La colique peut affecter un bébé dès les trois premières semaines de sa naissance. Mais cela disparaîtra après trois mois. Aussi pour être positif sachez que les pleurs nocturnes ou les crises nerveuses cesseront et que votre enfant vous donnera de grands moments de bonheur.

COMMENT LE MASSAGE PEUT AIDER

Si vous le massez, le système digestif de votre bébé sera stimulé. Il aura ainsi envie de s'alimenter. Vous pouvez essayer également de masser ses pieds pendant que vous le nourrissez.

Essayez différentes positions jusqu'à ce que vous trouviez celles qui conviennent le mieux à votre enfant.

Étendre votre bébé sur son estomac, sur votre bras ou vos jambes, peut donner quelquefois des résultats et l'aider à évacuer ses gaz.

Bercer un bébé qui souffre de colique peut apaiser. Tenez le près de votre corps, son visage vers l'extérieur et sa colonne vertébrale contre votre corps. Glissez votre main sous son estomac pour le soutenir et le bercer. Successivement allongez-le au travers de vos jambes et bercez-le d'un côté à l'autre tandis que vous soulevez vos genoux de haut en bas.

Pincer son oreille en touchant les points d'acupuncture peut aussi apaiser ses pleurs.

Si vous allaitez, souvenez-vous de ce que vous avez mangé pendant les dernières 24 heures. Vous devriez éviter les nourritures épicées, les haricots et le sucre. Les aliments qui vous provoquent des gaz auront le même effet sur votre bébé. Essayez de boire de la camomille, de la menthe poivrée, de la tisane de fenouil ou bien de mâcher un bâton de cannelle. Les propriétés calmantes de ces plantes passeront à travers votre lait dans le corps de votre bébé. Le thé et le café auront, eux, un effet stimulant sur lui. Assurez-vous aussi de boire suffisamment d'eau.

Massage pour bébé souffrant de coliques

Déplacer doucement les jambes de votre bébé peut le soulager de ses gaz. Certains mouvements de jambes ne doivent pas être exécutés si votre enfant souffre de problèmes de hanches. Les inconforts provoqués par certains problèmes digestifs peuvent être soulagés par des massages. Déposez de l'huile sur vos mains, souvenez-vous de lui parler et regardez-le pendant le massage.

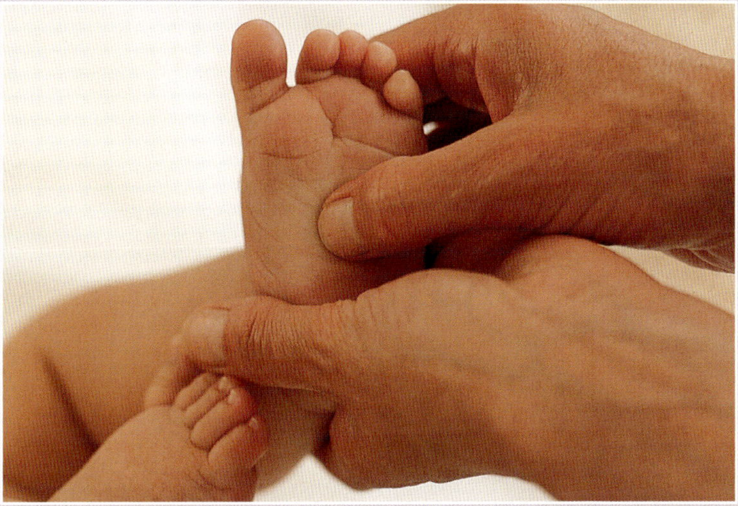

1 *Utilisez vos pouces ou vos doigts sans exercer une trop forte pression. Faites de petits cercles au centre du pied droit puis augmentez-les jusqu'à recouvrir toute sa voûte plantaire. Recommencez sur l'autre pied.*

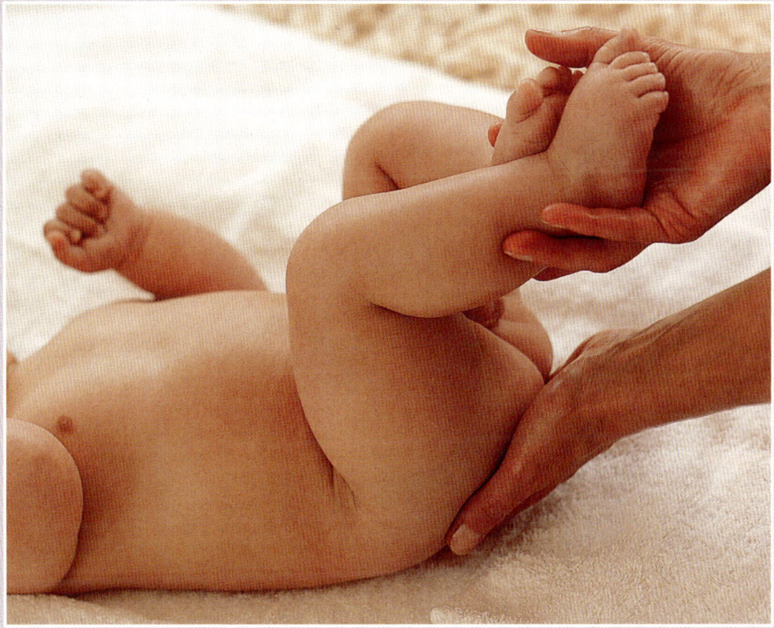

2 *Glissez une main derrière ses fesses à la base de sa colonne vertébrale, soulevez doucement ses pieds avec votre autre main. Faites de petits mouvements circulaires, dans le sens des aiguilles d'une montre, puis dans le sens inverse. Cette partie du corps abrite les nerfs qui conduisent au système digestif. C'est un endroit très doux pour le massage.*

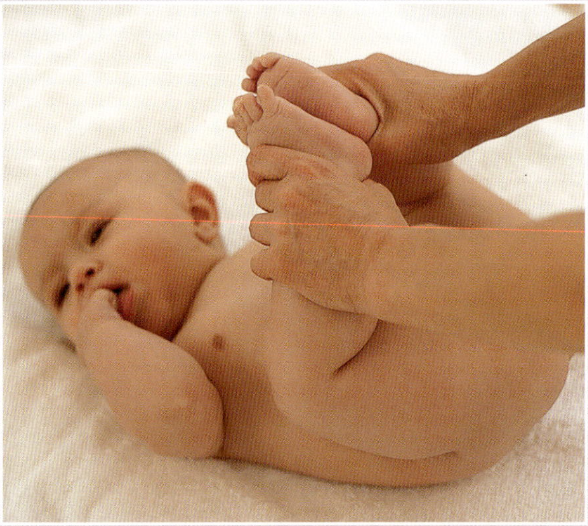

3 Évitez ces mouvements si vous avez des inquiétudes à propos des hanches de votre bébé. Pliez doucement ses jambes en direction du ventre. C'est excellent pour soulager votre enfant de ses gaz. Faites des mouvements larges ou faibles, en fonction de ce que votre bébé supporte. Ne forcez jamais un mouvement.

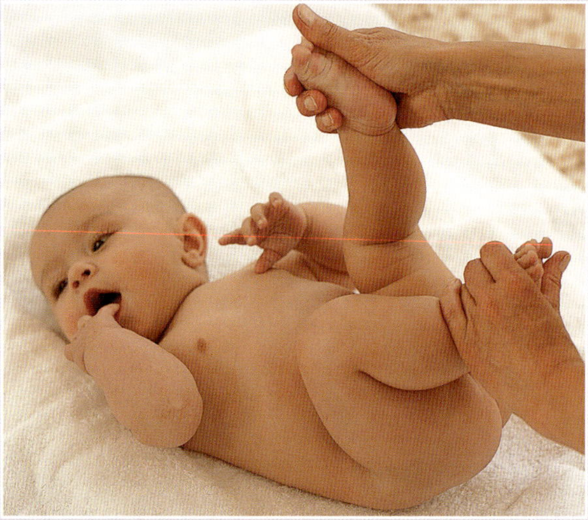

4 Vous devez aussi éviter ce mouvement si vous avez des inquiétudes au sujet des hanches de votre bébé. Faites pédaler une jambe après l'autre. Ne forcez pas les jambes, mais permettez et encouragez les mouvements qu'il peut supporter. Accompagner ce mouvement d'une berceuse l'aidera à stimuler son cerveau. Vous pourrez noter qu'à chaque fois que vous répétez cette berceuse quand vous le massez, votre bébé répondra. Il commencera de gazouiller dès que vous vous approcherez pour réaliser ces étapes de massage.

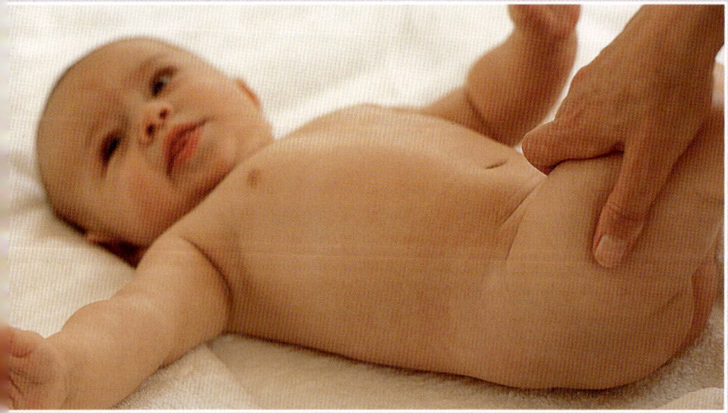

5 Pressez doucement sa cuisse avec une main. Ce mouvement relâche les tensions musculaires qui traversent l'abdomen.

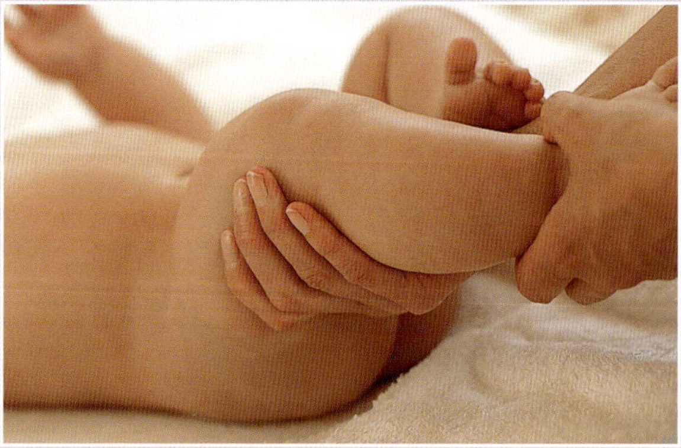

6 Répétez le mouvement précédent avec les deux mains tandis que vous glissez vers la cheville.

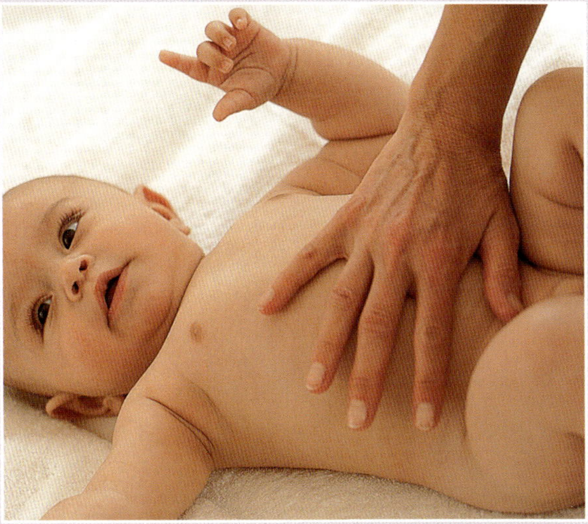

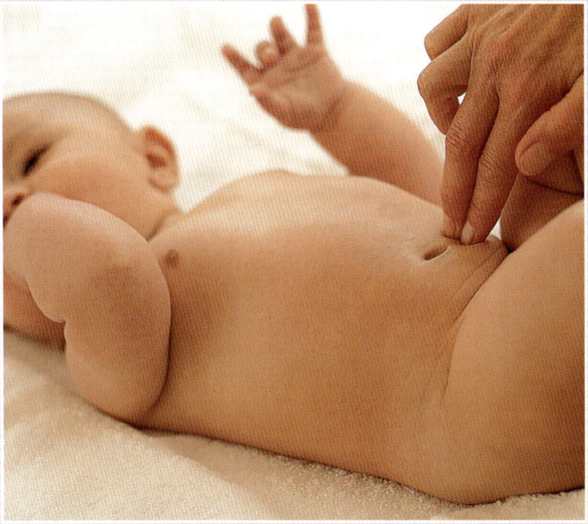

7 *Ce prochain mouvement doit être fait exactement puisqu'il suit le côlon là où transitent les matières. Assurez-vous d'avoir assez d'huile sur vos mains pour glisser facilement sur le corps de votre bébé. Travaillez avec toute la main, pas juste avec vos doigts. Placez votre paume sur son abdomen autour et au-dessus du nombril. Ne pressez pas sur son corps mais formez un grand cercle continu, lentement et doucement. Réconfortez-le beaucoup.*

8 *Avec deux doigts, faites de minuscules cercles sur son abdomen en les déplaçant de sa jambe droite vers son nombril puis en direction de sa jambe gauche. Ils suivent le même chemin sur l'intestin que précédemment. Répétez les étapes 6 et 7 plusieurs fois. Pratiqué régulièrement, ce massage est une mesure préventive autant qu'une aide*

Les médecines complémentaires qui peuvent aider

- **L'aromathérapie :** Massez (voir ci contre) avec de l'huile essentielle de camomille. Mélangez dans la proportion d'une goutte d'huile essentielle pour 15 ml d'huile de base. Vous pouvez aussi utiliser de l'huile essentielle de lavande dosée dans les mêmes proportions.
- **La thérapie craniosacrée :** consultation. En soulageant les tensions de l'abdomen de meilleurs mouvements pourront être exécutés, ce qui libérera les gaz.
- **La phytothérapie :** consultation. Le fenouil, le baume de citron peuvent-être prescrits, la camomille, le baume et les fleurs de citron peuvent être ajoutés au bain. Cela peut aider.
- **L'homéopathie :** consultation. *Chamomilla* est appropriée aux enfants qui aiment être pris dans les bras. *Pulsatilla* pour les bébés qui aiment être bercés. *Lycopodium* pour ceux qui souffrent de gaz. *Dioscorea* pour un bébé qui s'arc-boute. *Magnesia phosphorica* pour un bébé qui est soulagé par un bain chaud.
- **La réflexologie :** consultation. La tension contenue dans l'estomac et le système musculaire peut être libérée à travers des pressions sur le pied, permettant ainsi aux gaz emprisonnés de s'échapper.

Des intestins qui fonctionnent bien

Les bébés ont parfois les intestins bloqués pendant plusieurs jours. Cela peut simplement faire partie d'une phase ou bien être de la constipation. Toutefois, si ces mouvements provoquent des souffrances, vous pouvez les aider par des massages ou par d'autres thérapies.

Masser les pieds de votre bébé quand vous le nourrissez peut le soulager de ses problèmes digestifs.

Constipation

Quand des selles dures sont difficiles à passer, c'est souvent dû à des tensions musculaires et à un système digestif immature. Les bébés qui sont allaités souffrent rarement de constipation, mais ils peuvent passer par des phases où ils ont des selles peu fréquentes pendant quatre ou cinq jours. C'est relativement courant. Aussi ne vous inquiétez pas si les selles sont dures ou difficiles à passer. Les bébés nourris au biberon sont plus sujets à la constipation, avec des selles difficiles à passer. Vous devriez leur donner un peu d'eau à boire.

La constipation sans maladie n'est pas grave du moment que cela ne dure pas. Mais il existe des façons de soulager votre bébé s'il se sent plus mal que d'habitude.

Les médecines complémentaires qui peuvent aider

Masser l'estomac avec une huile de base peut soulager les tensions de ces muscles et atténuer les douleurs. (Voir pages 91-93)

Les médecines complémentaires qui peuvent aider

- **L'aromathérapie :** massez le côlon (voir p. 109) avec de l'huile essentielle de lavande mélangée : une goutte d'huile essentielle pour 15 ml d'huile de base.
- **La thérapie craniosacrée :** consultation.
- **La phytothérapie :** consultation. Dent-de-lion (ou pissenlit), réglisse, graines de lin peuvent être prescrits, allongés d'eau et de jus de prune.
- **L'homéopathie :** consultation. *Alumina* est adaptée si les selles sont douces mais peu fréquentes, particulièrement chez les nouveaux-nés. *Bryonia* si les selles sont dures et sèches et si le bébé a soif et s'il est grognon. Calcarea *Carbonica* s'il est content et s'il ne se soucie pas d'être constipé.
- **La réflexologie :** consultation. Presser sur les points des intestins peut aider à réguler les mouvements péristaltiques. Le mouvement involontaire musculaire qui propulse le contenu du tube alimentaire exige un bon fonctionnement des intestins.

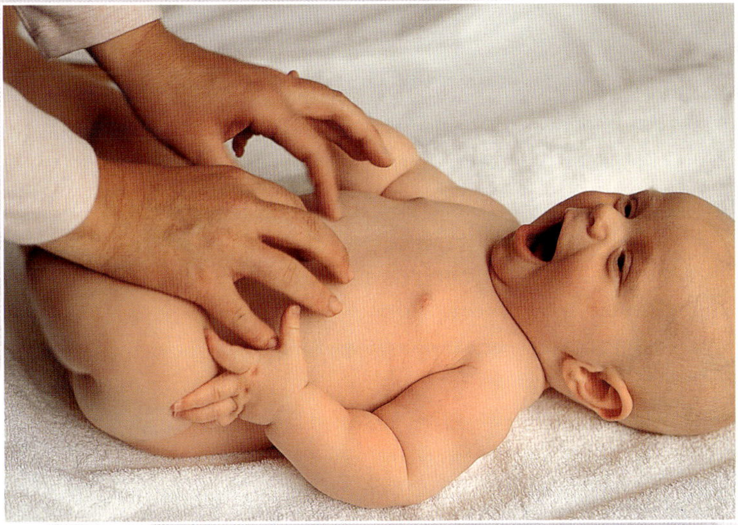

Jouer avec votre bébé en massant son estomac et son côlon avant de le nourrir peut apaiser les tensions et l'aider à s'alimenter de façon plus détendue.

Diarrhée

Les diarrhées peuvent être provoquées par une intolérance alimentaire, par des bactéries ou bien une infection virale ou une poussée dentaire. C'est souvent un problème qui ne dure pas très longtemps. Mais votre bébé peut être déshydraté, il est donc bien de lui donner un petit peu plus de biberon ou de prise du sein. Si la diarrhée continue plus de quelques heures ou si elle s'accompagne de vomissements, contactez votre docteur.

Ce que vous pouvez faire

Masser le côlon en bas de la colonne vertébrale ou sur les pieds avec de l'huile de base peut le soulager de ses malaises (voir p. 109).

Les médecines complémentaires qui peuvent aider

- **L'aromathérapie :** massez (voir p. 109) avec de l'huile essentielle de camomille romaine. Dans la proportion d'une goutte pour 15 ml d'huile de base.
- **La phytothérapie :** consultation. Poudre de caroube, orme, ou feuilles de framboisier peuvent être prescrites ainsi que des pommes, à cause de la pectine. Faites une compote pour un bébé qui prend de la nourriture solide.
- **L'homéopathie :** consultation. *Arsenicum* est adapté à un enfant qui transpire, qui est fatigué et qui souffre du froid. C'est également bien en cas d'intoxication alimentaire. *Colocynthis* si la diarrhée s'accompagne de crampes. *Phosphorus* pour les bébés déshydratés, fatigués qui ont des selles liquides.
- **La réflexologie :** consultation. Le réflexologue travaillera sur le point des intestins pour ramener un fonctionnement normal des intestins. Vous pouvez aider votre bébé en massant la base du talon et le centre du dessous de pied.

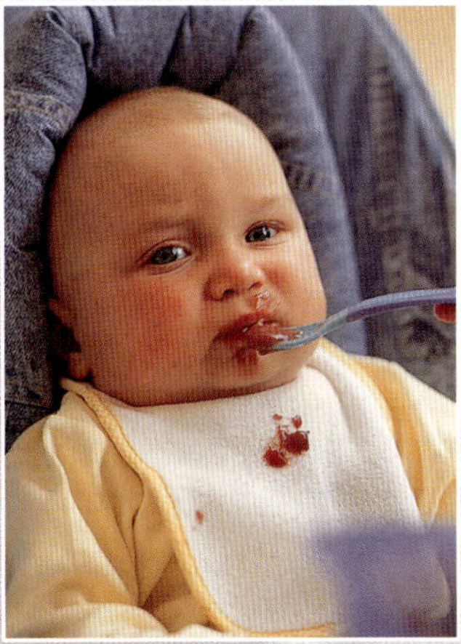

NOUVELLES NOURRITURES

Dès que vous mettez votre bébé aux aliments solides, n'oubliez pas que ses selles et mouvements intestinaux vont changer. Si ses selles deviennent très fluides et liquides après l'introduction de nouveaux fruits ou légumes, ne lui donnez pas de ces aliments pendant plusieurs jours. Puis progressivement réintroduisez-les.

Irritations cutanées

Les irritations cutanées sont courantes et ne provoquent souvent que de légères gênes. Toutefois, certaines peuvent être déclenchées par des réactions allergiques à des produits comme le savon, le shampoing et les talcs. Il est donc important d'éviter les parfums artificiels, les huiles et les lotions chimiques. Si vous allaitez votre bébé, il peut avoir une réaction allergique à certains aliments que vous avez mangés.

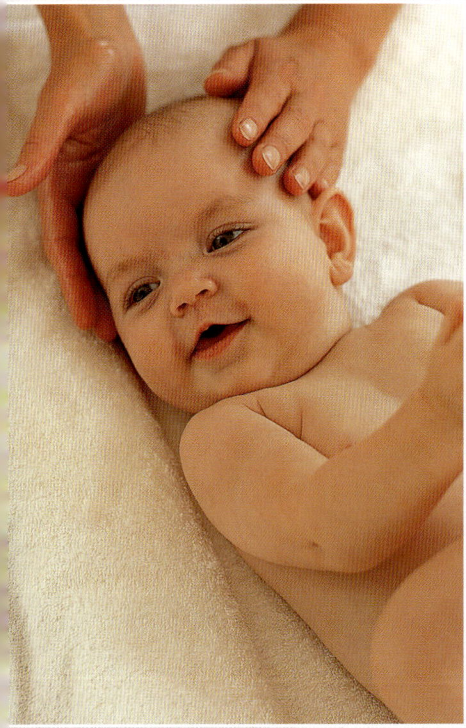

Massez doucement avec de l'huile d'olive le cuir chevelu de votre bébé. Cette cire épaisse s'éliminera à travers le système lymphatique. Aussi favorisez cette élimination par un massage facial afin de purifier ses lymphes.

Les croûtes de lait

Ce problème est très courant, il ne signifie pas que votre enfant souffrira plus tard d'eczéma. Ces croûtes huileuses et jaunes sur le crâne ne provoquent pas de démangeaisons, même si elles sont déplaisantes à regarder, ce n'est pas un problème sérieux. L'origine des croûtes de lait n'est pas très claire. Il est parfois dit qu'elles sont provoquées par une infection fongique. Ce qui est évident, c'est que ce n'est pas le résultat d'une mauvaise hygiène. Les croûtes de lait peuvent apparaître à n'importe quel âge entre trois et neuf mois. Cela disparaît habituellement vers l'âge d'un an.

Ce que vous pouvez faire

Lui brosser régulièrement les cheveux aidera à détacher les croûtes, mais ne tirez pas sur les croûtes. Massez doucement les croûtes de votre bébé avec 2 gouttes d'huile essentielle de lavande dans 50 ml d'huile d'olive, faites cela le soir. Mais surtout évitez la fontanelle. Ce mélange qui est très nutritif est assez épais et très odorant. Peignez les écailles puis passez de l'huile avec un peigne aux dents fines le matin. Faites ensuite un shampoing très doux à base de plantes.

Les médecines complémentaires qui peuvent aider

- **La phytothérapie :** consultation. Un onguent de *calendula* peut être prescrit ou bien une infusion de souci pour rincer le cuir chevelu de votre bébé.

La peau sèche

La peau sèche est fréquente chez les bébés qui sont nés avec du retard.

Ce que vous pouvez faire

Massez l'endroit concerné avec de l'huile d'olive ou de l'huile de base (voir p. 86-99).

Les médecines complémentaires qui peuvent aider

- **L'aromathérapie :** massez l'endroit concerné avec de l'huile essentielle de lavande ou de camommille. Une goutte d'huile essentielle pour 15 ml d'huile de base.

Si possible utilisez toujours de l'huile naturelle et des lotions ainsi que des shampoings et des savons naturels.

L'eczéma

Il existe différents types d'eczéma, certains sont humides, d'autres sont secs. C'est souvent une réponse allergique à certains aliments ou à un environnement (animal, poussière, acariens, se trouvant dans la maison, pollen, air pollué) ou bien tout ensemble. Des allergies héréditaires (dont vous n'êtes pas responsable) peuvent aussi en être l'origine. Les acidités d'estomac sont souvent associées dans les cas d'eczéma et d'allergies alimentaires.

La peau agit en tant que barrière contre les bactéries, elle règle également la température du corps. Les bébés avec une défense immunitaire qui ne fonctionne pas très bien peuvent en souffrir en même temps que de problèmes de température. On trouve souvent de l'eczéma dans les plis des bras et des jambes.

Ce que vous pouvez faire

Si vous allaitez et que vous savez être allergique vous ou votre famille à un certain type d'aliments, éliminez-les de votre régime. Les allergènes communs sont les graisses animales, les produits laitiers et le blé.

Certains aliments ont la réputation d'aider. Si vous allaitez, vous pouvez augmenter la consommation d'acides gras essentiels que l'on trouve dans le thon, les sardines, le saumon, et les anchois. L'avoine a des propriétés anti-inflammatoires, l'Aloe Vera est aussi très populaire sur le plan diététique.

Nettoyez à l'aspirateur fréquemment pour vous débarrasser des acariens présents dans la poussière. Et interdisez ces pièces comme la cuisine aux animaux de compagnie.

Habillez votre bébé dans des matières non irritantes comme le coton. Essayez de lui mettre les vêtements amples avec des coutures qui ne frotteront pas les secteurs affectés.

L'AIDE DES PLANTES

L'une des façons les plus faciles de lui apporter de l'aide grâce aux plantes, c'est de l'allaiter. Avant de l'allaiter vous pouvez boire une tisane ou une teinture que l'on vous a prescrite. Les plantes atteindront le lait au bout de 15 à 20 minutes. Les substances se feront sentir pendant 48 heures et plus.

UTILISEZ DES FIBRES NATURELLES

La peau contient beaucoup de réseaux nerveux directement reliés aux sensations du toucher, à la pression, à la douleur, au chaud et au froid. Si la peau de votre bébé est sensible, habillez-le dans des fibres naturelles qui permettront à sa peau de respirer régulièrement. Souvenez-vous qu'il n'a aucun moyen pour réguler sa température, utilisez donc plusieurs tissus en coton que vous pouvez retirer ou bien une couverture douce faite en fibres naturelles. Tandis que les vêtements synthétiques lui donneront trop chaud.

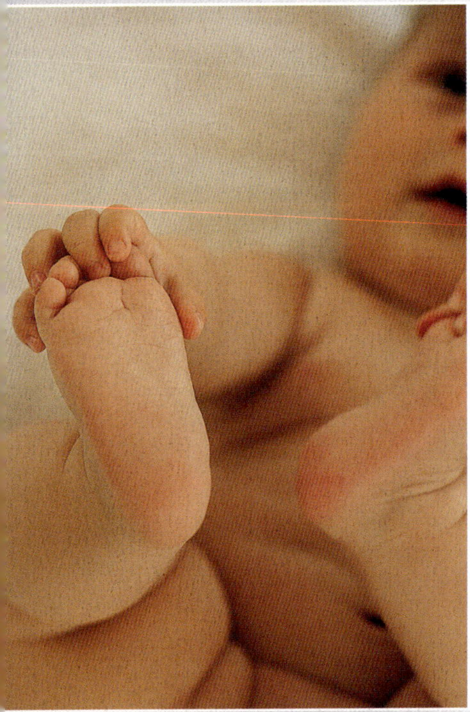

La réflexologie peut être bénéfique dans les cas d'irritations cutanées quand l'endroit irrité ne peut lui-même être massé.

Les médecines complémentaires qui peuvent aider

- **La phytothérapie :** consultation. Les massages à base d'Aloe vera sont capables de soulager. La bardane, le mouron ou les onguents de camphre peuvent être appliqués sur les zones concernées. 2 à 4 tasses pleines de tisane composée avec de l'échinacée, des orties, du gotu kola, des racines de bardane, du camphre, des fleurs de lavande, des racines de chicorée et des feuilles d'artichauts peuvent être ajoutés au bain de votre bébé.
- **L'homéopathie :** consultation. Il existe de nombreux traitements qui dépendent de l'état de la peau et de l'origine du problème.
- **La réflexologie :** consultation. Si la peau de votre bébé est irritée ou si elle a de petites boursouflures remplies de fluide, un massage des pieds est dans ce cas-là préférable à un massage du corps. En stimulant le système lymphatique, la réflexologie peut aider le corps à éliminer ses toxines. En cas de problème de peau, il peut y avoir une montée de fièvre après le traitement. Mais cela ne doit pas être une source de souci.

Les rougeurs

Les rougeurs sont fréquentes quand le postérieur de votre bébé est resté un certain temps dans des couches mouillées. Les rougeurs sont provoquées par l'ammoniaque produite par le mélange d'urine et de bactéries des selles.

Ce que vous pouvez faire

Laissez votre bébé sans couches le plus souvent possible. Utilisez de l'eau chaude et du coton pour le nettoyer à chaque fois que vous le changez. Évitez les produits à base de vaseline.

Les médecines complémentaires qui peuvent aider

- **L'aromathérapie :** ajoutez 1 goutte d'huile essentielle de lavande ou de rose au bain de votre bébé. Puis assurez-vous que votre bébé est bien sec. Ajoutez 1 goutte d'huile essentielle de lavande et de camomille à 2 cuillères à dessert de zinc, de crème d'huile de castor puis appliquez sur les rougeurs.
- **La phytothérapie :** consultation. La crème de *Calendula* peut aider. Vous

BOUTONS ET TACHES DE NAISSANCE

Ne vous inquiétez pas si vous voyez des rougeurs sur la peau de votre bébé ou sur l'arête du nez, cela peut être provoqué par un blocage temporaire des glandes sudovipares. Cela disparaîtra en quelques jours.
Une tache de naissance qu'on appelle aussi quelquefois une tache de vin, peut apparaître quelques jours après sa naissance. Elle disparait avec le temps. Il n'y aura probablement plus de traces avant son troisième anniversaire.

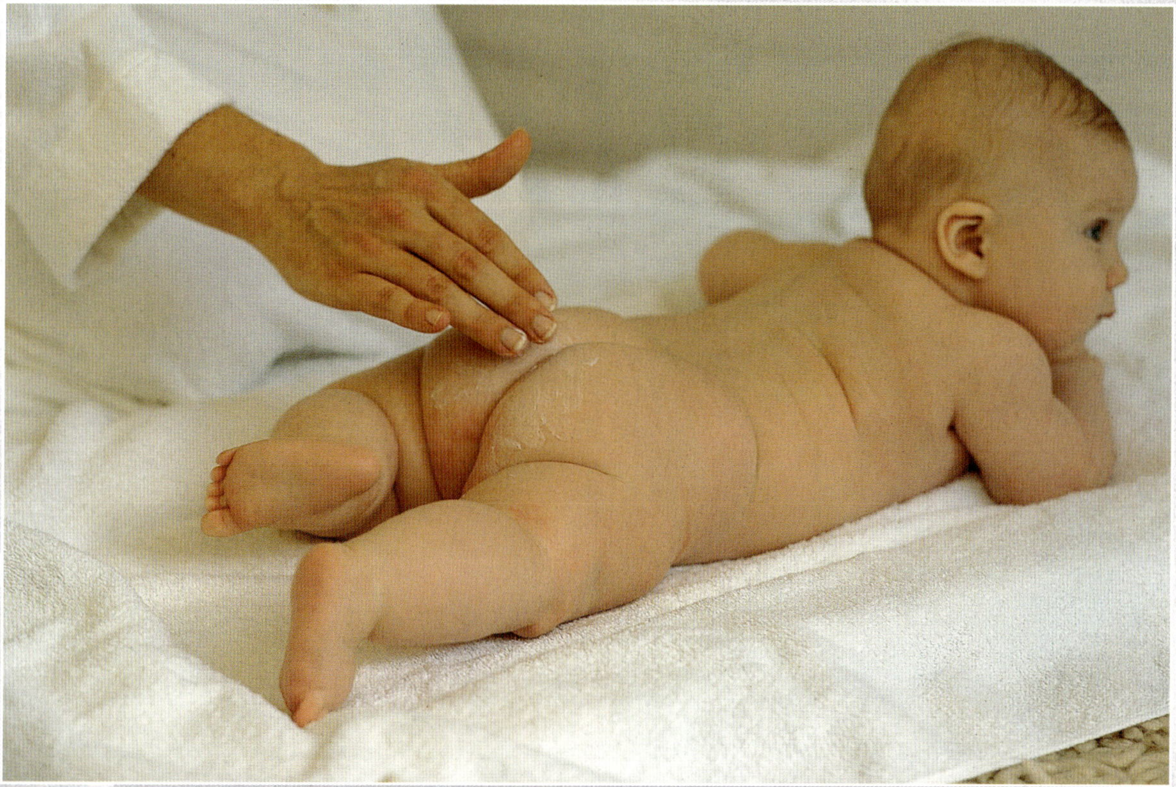

Le gel à base d'Aloe vera a une très bonne action sur la peau, il la calme et la refroidit.

pouvez appliquer de la tisane de camomille sur les rougeurs pour réduire l'acidité et utiliser une légère poudre d'orme ou de petites graines de *Souci Malu*.

- **L'homéopathie :** consultation. *Rhus tox* ou *Sulfur* sont appropriés pour les rougeurs.

Le muguet

Le muguet est une candidose, c'est un problème très courant chez les bébés, les douze premiers mois. Ils peuvent avoir des boutons blancs sur tout le corps, mais surtout autour de la bouche et de la langue. Les candidoses, qui sont liées à des questions alimentaires, peuvent être traitées par les plantes.

Ce que vous pouvez faire

Nettoyez la région concernée plusieurs fois par jour avec des feuilles de framboisier ou une tisane de noyer noir.

Les médecines complémentaires qui peuvent aider

- **La phytothérapie :** *l'acidophilus* pour bébé peut venir en aide.

Les poussées dentaires

Les dents de votre bébé perceront ses gencives aux environs de six ou sept mois, bien que certains bébés ne fassent pas leurs premières dents avant un an. Cela ne durera cependant pas au-delà de l'âge de deux ou trois ans. Quand surgit la poussée dentaire, l'humeur peut changer et votre petit chérubin se transformera en petit être grincheux qui vous donnera du fil à retordre toute la nuit.

POUR AIDER LES BÉBÉS QUI SOUFFRENT DE POUSSÉES DENTAIRES

Un herboriste peut vous aider quand votre bébé souffre de rougeurs, de vomissements ou s'il devient irritable en raison de sa poussée dentaire. Ce praticien peut composer une tisane riche en calcium. Vous pouvez aussi masser les doigts ou les orteils de votre enfant pour éliminer la douleur grâce à ce drainage lymphatique.

Quelques dents poussent sans déclencher de douleurs tandis que d'autres provoqueront de nombreux désagréments à votre bébé. Vous le trouverez alors changé. Lui qui était charmant devient grognon quand il commence à faire ses dents. Une dent peut provoquer une inflammation de la joue. Celle-ci devient rouge et la zone des gencives est, alors, extrêmement douloureuse. Votre bébé bavera et mâchera tout ce qu'il peut saisir avec ses mains, il peut même tirer le lobe de son oreille.

Ce que vous pouvez faire

Donnez-lui quelque chose de dur à mâcher comme un anneau dentaire pour adoucir ses gencives. Il faut toujours vous assurer de prévenir un étouffement. Ne lui donnez pas quelque chose de doux à sucer puisque le sucre peut causer des dégâts à la dent même chez les bébés qui n'ont que quelques dents.

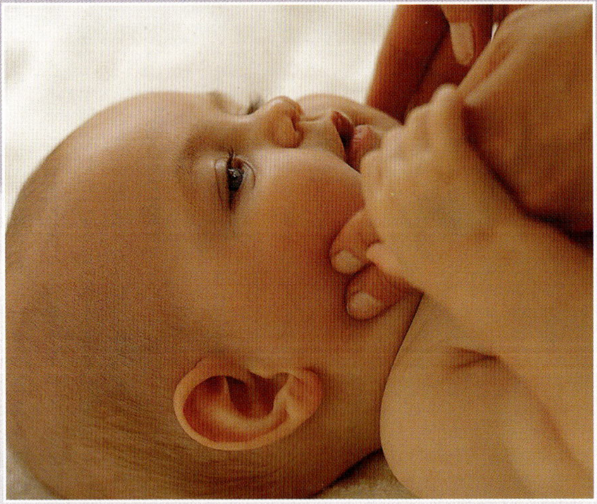

1 *Utilisez le bout des doigts des deux mains pour faire des petits massages en cercles qui vont aller de ses tempes à sa mâchoire. Ne faites aucune pression, laissez simplement glisser vos doigts sur sa peau. Faites des massages en petits cercles légers le long de sa mâchoire puis palpez doucement.*

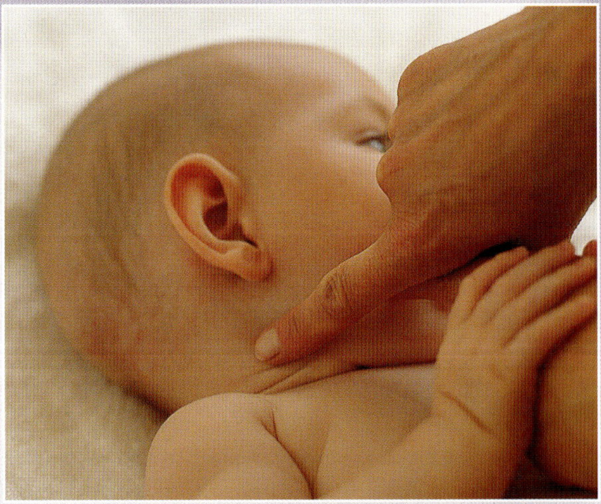

2 *Faites glisser doucement votre doigt de son oreille jusqu'à son cou, encourageant ainsi le mouvement du drainage lymphatique. Recommencez de l'autre côté.*

Les médecines complémentaires qui peuvent aider

- **L'aromathérapie :** massage des oreilles (voir ci-dessous) avec un mélange d'1 goutte d'huile essentielle de camomille romaine et 1 de lavande dans 30 ml d'huile de base.
- **La phytothérapie :** consultation. Une teinture de menthe et de fenouil peut être utilisée pour masser les gencives.
- **L'homéopathie :** consultation. Les granules de *Chamomilla* pour les dents sont disponibles dans les magasins spécialisés.
- **La réflexologie :** consultation. Un travail peut être fait sur les orteils pour alléger les souffrances provoquées par la poussée dentaire.

Maintenez des anneaux dentaires au frigidaire de sorte qu'ils rafraîchissent les gencives enflammées.

Massage pour les poussées dentaires

En termes d'acupuncture, l'oreille représente la totalité du corps et comporte 400 points d'acupuncture. Sur le lobe de l'oreille est situé le point de la machoire où souvent les bébés essayent de se toucher naturellement quand ils souffre de poussées dentaires. Si vous pressez ce point d'acupuncture qui se trouve sur le lobe de l'oreille, cela libérera votre bébé de toutes ses douleurs. C'est une très bonne idée de le masser à cet endroit-là. Échauffez vos mains que vous avez adoucies avec de l'huile. Regardez votre bébé dans les yeux et parlez-lui tendrement quand vous effectuez ce massage.

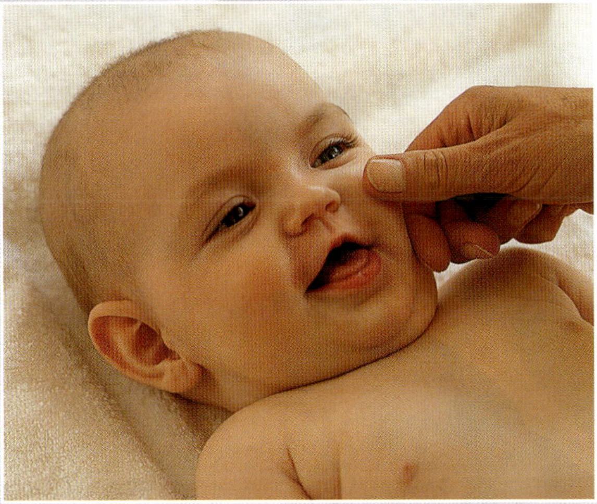

3 *Caressez votre bébé avec votre pouce sur l'aile de son nez en allant de haut en bas en direction de la mâchoire. Effectuez doucement des cercles sur sa mâchoire, cela favorisera le drainage de la lymphe et la circulation. Recommencez de l'autre côté.*

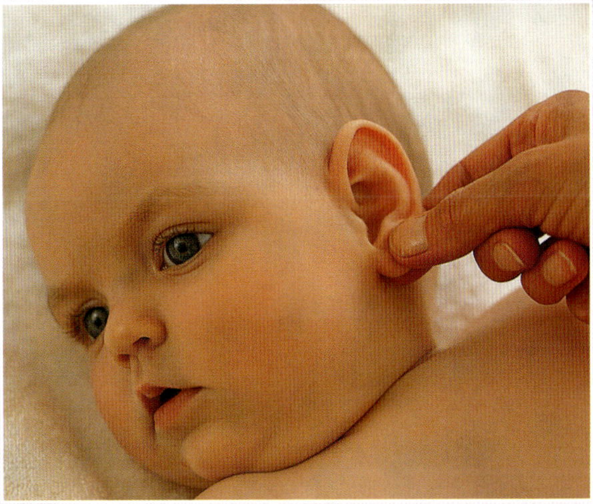

4 *Massez le haut et le bas de l'oreille avec vos doigts. Suivez le contour de l'oreille. Serrez doucement l'oreille, mais ne la pincez pas, c'est un mouvement délicat. Répétez sur l'autre oreille.*

Problèmes respiratoires

Les problèmes respiratoires provoqués par des coups de froid ou par de l'asthme peuvent être très difficiles à supporter tant pour la mère que pour le bébé. Mais il existe certaines méthodes qui pourront soulager votre enfant de ses troubles. Quand il crie, un enfant avale beaucoup d'oxygène dans les poumons, ce qui peut lui donner chaud et considérablement le perturber.

De nombreuses thérapies peuvent soulager les problèmes respiratoires liés à un rhume.

Rhumes et toux

En ce qui concerne les bébés enclins à attraper froid et à souffrir de toux, si vous ne parvenez pas à les guérir de leur rhume, vous pouvez au moins les aider à respirer plus facilement.

Ce que vous pouvez faire

Vous pourrez l'aider en le massant et en tapotant sa poitrine et son dos (voir p. 89 et p. 98). Vous pouvez également essayer de frotter son visage au bas de sa mâchoire et sur les côtés de son cou puis de masser du cou vers les aisselles.

Les médecines complémentaires qui peuvent aider

- **L'aromathérapie :** placez 1 goutte d'huile essentielle d'eucalyptus, d'arbre à thé, de lavande dans 600 ml d'eau bouillante dans un bol. Posez-le dans un coin de la chambre tandis que votre bébé dort. Vous pouvez fabriquer un vaporisateur pour la chambre en ajoutant 3 gouttes d'huile essentielle d'eucalyptus et de l'eau dans un vaporisateur à plantes. Aspergez autour de la chambre, mais pas trop près de votre bébé.
- **La phytothérapie :** consultation. Echinacea, thym, arbre à thé, cerise sauvage ou baume de citron peuvent aussi être pris sous forme de tisane.
- **L'homéopathie :** consultation. *Aconitum* pour une toux sèche ou pour du croup. *Arsenicum* pour le nez qui coule et qui s'accompagne de reniflement. *Belladona* en cas de fièvre. *Ipeca* pour des toux accompagnées de glaires et de vomissements. *Pulsatilla* quand les symptômes empirent dans la nuit et, quand votre bébé est allongé, qu'ils s'accompagnent de catarrhes. *Rumex* pour une toux constante.
- **La réflexologie :** consultation. Faire des pressions sur les points du sinus aidera à débloquer un nez encombré, toutefois cela peut augmenter les symptômes avant que le nez ne soit complètement nettoyé.

La fièvre

Si votre bébé souffre de fièvre et qu'il crie plus que de coutume, appelez un médecin. Il peut également vomir son repas. Ce sera nettement plus difficile pour lui de respirer et de s'alimenter. Il est essentiel de donner du liquide à un bébé fiévreux et de le maintenir au frais.

Un bébé fiévreux devrait être vu par un docteur. Les petits bébés se déshydratent rapidement, aussi il est important d'augmenter leur prise liquide.

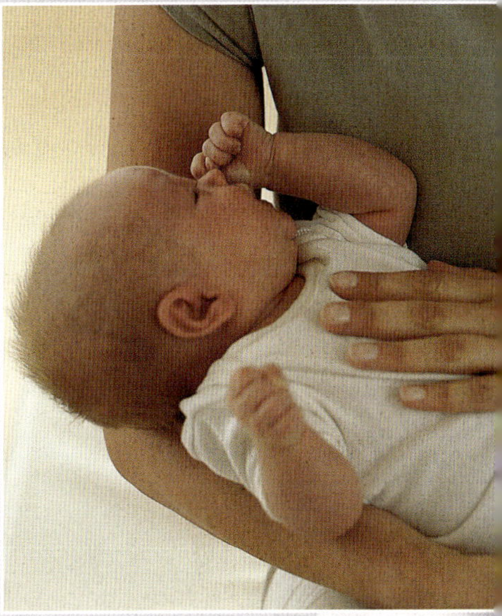

L'asthme

Il est souvent dit que l'asthme est une réponse allergique à un certain nombre de facteurs comme l'air avalé et ingéré. Cela peut aussi être héréditaire. Le conduit d'air est très sensible et un enfant victime d'asthme répondra aux allergènes par une respiration sifflante. Tous les bébés qui ont une respiration sifflante n'ont pas d'asthme et tous les bébés qui ont de l'asthme ne sifflent pas nécessairement, ils peuvent avoir à la place une toux sèche pendant la nuit. Une fois que les bébés asthmatiques grandissent et que leurs tubes bronchiques s'élargissent, ils auront plus de facilité pour respirer. Cependant si vous pensez que votre bébé souffre d'asthme, vous devriez consulter votre médecin. Pendant que votre enfant grandira vous pourrez pouvoir isoler l'allergène particulier qui provoque l'asthme et donc essayer de l'éviter.

Ce que vous pouvez faire

Si vous allaitez, il est nécessaire d'être attentive aux allergies dont vous souffrez vous ou votre famille afin d'éviter les aliments à l'origine de vos allergies. Les allergènes les plus courants sont le lait de vache, les produits laitiers, le blé, la levure, le sucre, le sel, les produits de la mer, la caféine, les additifs alimentaires et l'aspirine (elle ne doit jamais être donnée à un enfant).

L'asthme peut être déclenché par des allergènes véhiculés par l'air, comme la poussière, les plumes, la fourrure d'animal de compagnie, le pollen, les polluants industriels et la fumée de cigarette. Nettoyez et changez souvent les draps du lit. Maintenez hors de la cuisine les animaux et ne fumez pas à côté de votre bébé.

Les médecines complémentaires qui peuvent aider

- **L'homéopathie :** consultation. *Arsenicum* est bien si votre bébé a une respiration bruyante surtout vers minuit et trois heures du matin. *Chamomilla* pour un bébé en sueur qui se calme quand vous le portez. *Ipeca* en cas de toux et de vomissements. *Pulsatilla* pour les bébés grincheux, pour ceux qui gémissent quand vous les allongez.
- **La réflexologie :** consultation. Les pressions sur la zone du point de la poitrine, ainsi que la zone reliée au système lymphatique permettent au bébé de respirer plus librement.

BAIN DE PLANTES

Mélangez de la camomille, de la menthe de chat, du gingembre, de l'achillée et du baume de citron. Ajoutez ces plantes au bain chaud de votre bébé. Baignez le doucement entre 5 et 10 minutes seulement. Laissez votre bébé tremper légèrement et mettez-lui des vêtements de nuit larges. Trempez un tissu dans un bol d'eau chaude mélangée avec 2 ou 3 gouttes d'huile essentielle de lavande. Humidifiez légèrement les mains de votre bébé ainsi que son visage pour le refroidir. Si votre bébé continue d'avoir de la fièvre, appelez un docteur.

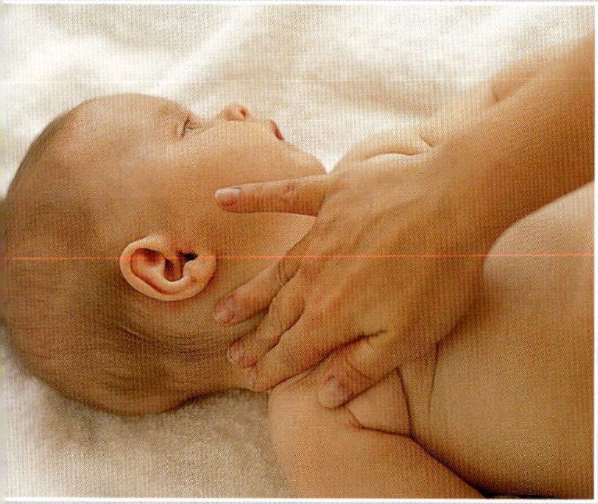

Massage pour les problèmes respiratoires

Ceci est une bonne technique de massage pour soulager les inconforts mineurs liés aux problèmes respiratoires. Frottez un peu d'huile entre vos mains et regardez votre bébé en lui parlant doucement pendant le massage.

1 *Frottez doucement du côté de son visage près de la zone de son cou puis glissez vers ses aisselles. Massez continuellement cet endroit pour aider la lymphe à se purifier. Vous pouvez utiliser les deux mains en même temps, une de chaque côté de son visage. Ou bien travaillez avec une main, un côté à la fois.*

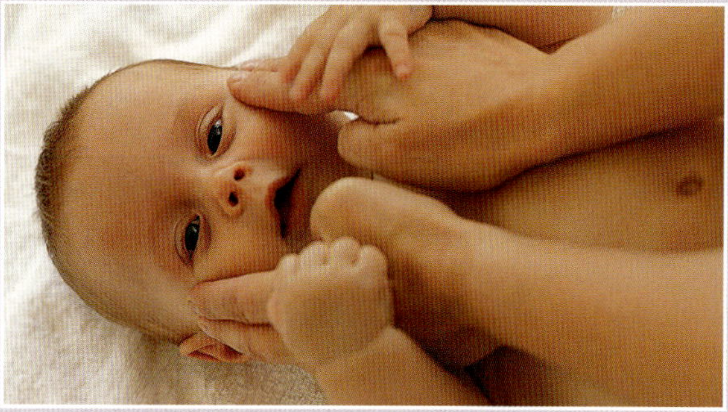

2 *Massez du bout des doigts le dessus de ses joues sans forcer. Glissez les doigts du bord de son nez vers sa mâchoire dans un long mouvement (du côté de son visage à son cou). Répétez cela trois fois.*

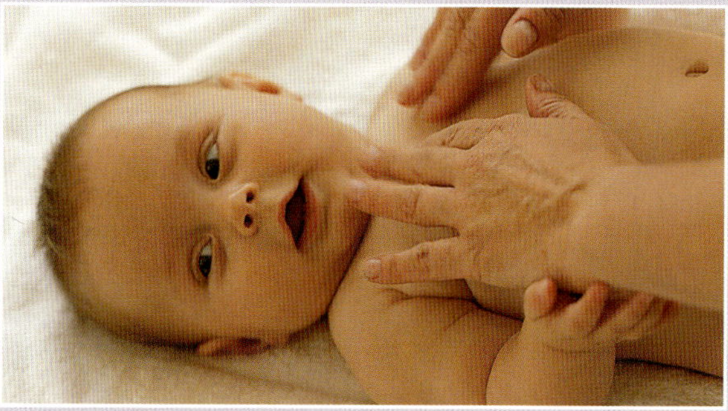

3 *Tapotez légèrement son ventre et ses joues, répétez les étapes 1 et 2. Suivez les lignes de ses côtes avec un mouvement doux sur les côtés de son corps. Massez en cercles son buste, de ses épaules jusque vers sa dernière côte.*

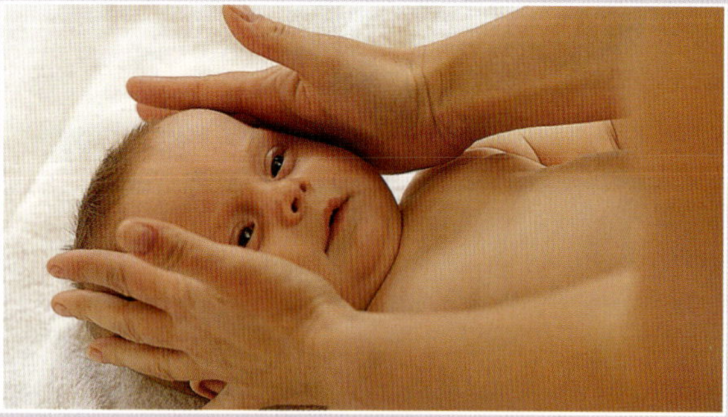

4 *Balayez au-dessus de ses sourcils et entourez ses tempes. Puis glissez du cou vers l'aisselle.*

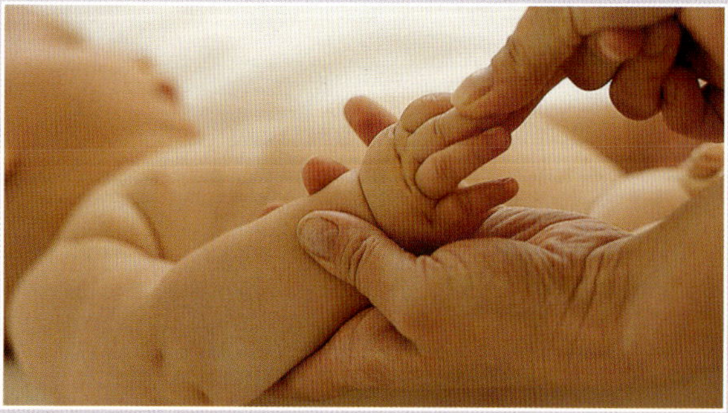

5 *Serrez doucement le long de son doigt ainsi qu'entre les doigts de sa main. Faites des cercles du pouce sur le dessus de sa main. Ce massage met en relation poitrine et sinus.*

Massage réflexologique pour problèmes respiratoires

Un massage réflexologique peut être une bonne alternative et remplacer un massage complet du corps pour soulager les détresses et les blocages respiratoires.

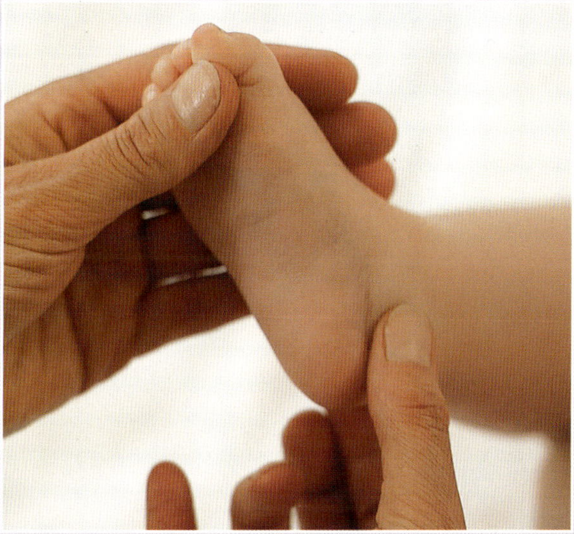

1 *Effectuez des petits cercles là où les orteils rencontrent la plante du pied, du petit orteil au gros orteil. Revenez en arrière et refaites cela plusieurs fois.*

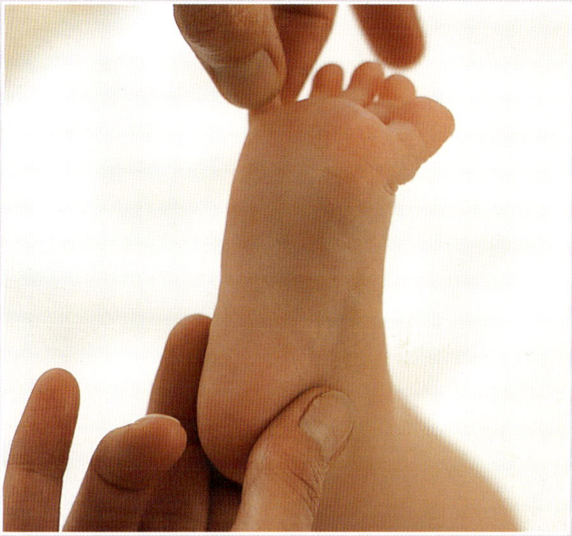

2 *Effectuez une légère compression sur chaque orteil. Vous pouvez chanter une comptine en même temps et transformer ce moment en un jeu, si vous le souhaitez.*

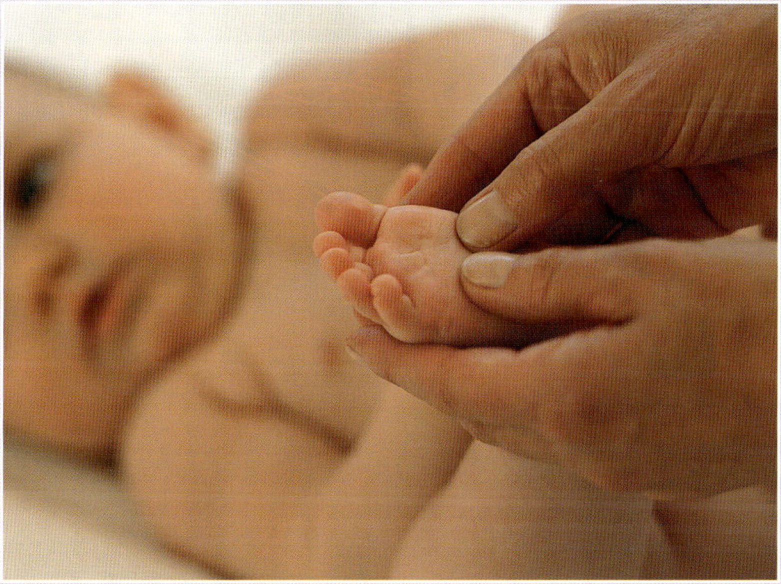

3 *Massez le dessous du pied sous le prolongement des orteils. Puis tapotez doucement le dessus des pieds, et glissez légèrement de ses chevilles à ses orteils.*

Quelques maux courants

Il est important d'être attentif à certains problèmes courants comme les maux d'oreilles ou les inflammations des yeux qui souvent perturbent le sommeil. Mais aussi les brûlures, les morsures ou les piqûres d'insecte dont les bébés souffrent souvent. Tous ces problèmes peuvent être soulagés par des médecines douces. Nous vous expliquerons comment apaiser les souffrances de votre bébé.

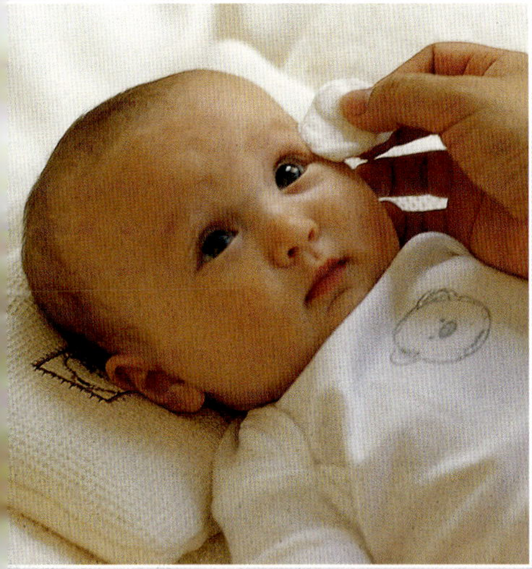

Le nettoyage régulier avec de la ouate, de l'eau salée, chaude et stérilisée apaisera beaucoup de problèmes oculaires mineurs.

Inflammation des yeux

Les inflammations de l'œil externe peuvent être d'origine bactérienne, virale ou bien être provoquées par une allergie. S'il n'y a aucun écoulement, l'inflammation est provoquée soit par une allergie soit par de la fièvre. En revanche, s'il y a des écoulements, ils seront probablement épais et colleront la partie supérieure des yeux de votre bébé. Les inflammations de l'œil ne sont pas toutes des conjonctivites, qui restent toujours un mal très contagieux.

Ce que vous pouvez faire

Une inflammation générale de l'œil est fréquente chez les nouveau-nés. Cela exige implement un nettoyage régulier avec du coton stérilisé et de l'eau bouillie légèrement salée. Lavez-vous les mains soigneusement et changez de coton après chaque utilisation afin de prévenir tout risque de réinfection. Séchez chaque œil séparément avec différentes boules de coton sec.

Les médecines complémentaires qui peuvent venir en aide

- **La phytothérapie :** consultation. Pour la conjonctivite il peut être prescrit une tisane ou une infusion de camomille ou de feuilles de framboisier. Vous pouvez ajouter 1 à 2 gouttes de cette teinture avec de l'eau filtrée, bouillie et refroidie. Baignez en les yeux avec ce mélange.

- **L'homéopathie :** consultation. *Aconitum* convient à un œil blessé au cas où un corps étranger est présent dans l'œil. *Belladona* pour une inflammation irritante qui augmente avec la lumière brillante. *Euphrasia* pour les yeux collés, irrités ou aqueux. *Pulsatilla* pour les yeux collés et irrités ou pour des conduits lacrymaux obstrués.

Mal d'oreille

Les maux d'oreille sont souvent provoqués par une montée de liquide dans la partie médiane de l'oreille. Cela peut provoquer une infection et une forte température.

Ce que vous pouvez faire

Des infections constantes des oreilles peuvent être déclenchées par des allergies à certains types de nourriture, mais elles sont habituellement provoquées par des infections virales. Lavez doucement le lobe de son oreille

Les humeurs épaisses de l'œil exigent une attention médicale.

et vérifiez sa température. Essayez également de ne pas laisser la tête de votre bébé humide. Toutefois, de nombreux bébés peuvent se remettre d'une infection d'oreille sans avoir besoin de traitement supplémentaire.

Les médecines complémentaires qui peuvent aider

- **La phytothérapie :** consultation. Réchauffez l'huile essentielle de lavande, d'ail ou de bouillon blanc en tenant debout la bouteille dans une tasse d'eau chaude. Versez 3 à 5 gouttes sur le coton et utilisez-le pour tamponner l'oreille. Refaire l'opération deux fois par jour jusqu'à ce que l'infection disparaisse.
- **L'homéopathie :** consultation. *Aconitum* est approprié pour une infection soudaine de l'oreille après une exposition au froid. Elle peut être très douloureuse au milieu de la nuit. *Belladona* est bien pour le mal d'oreille qui s'accompagne de fièvre. Mais aussi si le visage et l'oreille sont rouges. L'oreille droite est souvent la plus douloureuse. *Chamomilla* : pour un bébé qui a tendance à crier et qui préfère être porté, surtout au moment de la poussée des dents. *Hepar sulphuris* pour les maux d'oreille qui s'accompagnent de catarrhes et d'obstructions. *Pulsatilla* est bon pour un bébé qui recherche les contacts, les caresses et qui est sujet aux catarrhes.
- **La réflexologie :** consultation. Le réflexologue peut soulager ces douleurs en drainant les infections et en éliminant les catarrhes accumulés. Vous pouvez également essayer de masser votre enfant au-dessus de ses orteils sur le point réflexe de la lymphe.

KINÉSIOLOGIE

Le mal d'oreille peut être provoqué par des allergies à certaines nourritures, comme le lait de vache. Essayez donc des aliments plus doux comme le lait de chèvre.
Une des meilleures méthodes pour découvrir les intolérances alimentaires de votre bébé est de consulter un kinésiologue qui utilise le muscle comme principal instrument.
L'examen des muscles de votre bébé permet de découvrir ses dysfonctionnements comme vous pouvez le faire quand vous êtes au contact de la peau d'une personne.

Si votre bébé se réveille la nuit et ne veut pas se rendormir, vérifiez qu'il n'a pas trop chaud en posant votre main à l'arrière de son cou.

Absence de sommeil

Les bébés impatients, qui ne dorment pas, peuvent souffrir de la chaleur ou de douleurs.

Les médecines complémentaires qui peuvent venir en aide

- **L'aromathérapie :** les huiles essentielles de lavande ou de camomille romaine font des merveilles. Pour assainir la chambre du bébé, utilisez une essence relaxante qui l'aidera à s'endormir. Ajoutez 1 goutte d'huile essentielle de lavande ou de camomille romaine dans 600 ml d'eau bouillie dans un bol. Placez le bol sur le sol, pas trop près de la tête de votre bébé. La vapeur diffusera le parfum autour de la chambre. Le même principe peut être appliqué avec un vaporisateur. Dans un diffuseur ajoutez une goutte d'huile essentielle dans une cuillère à dessert remplie d'eau. Une autre goutte d'huile essentielle peut être diluée dans un peu de lait et ajoutée au bain.
- **La thérapie craniosacrée :** consultation. Les cris fréquents peuvent être souvent provoqués par une tension douloureuse du corps. Une incapacité de se trouver dans certaines positions pendant de longues périodes peut être due à une tension dans le cou.
- **La phytothérapie :** consultation. Une infusion de camomille peut être prescrite.
- **L'homéopathie :** consultation. *Bryonia* convient au bébé qui pleure beaucoup tandis que *Calcerea carb.* est bien en cas de cauchemars.

Brûlures

En dépit de vos efforts, vous ne pouvez pas toujours éviter que votre bébé ou votre enfant ne se brûle à un radiateur ou sur une surface chaude.

Ce que vous pouvez faire

Les brûlures sont traumatisantes, aussi est-il bon de donner des soins réconfortants. Rafraîchissez la partie blessée ou baignez dans un bain frais votre enfant en vous assurant qu'il n'attrape pas froid. Laissez une brûlure mineure se guérir elle-même. Si vous pensez que la blessure doit être recouverte afin d'empêcher votre enfant de se gratter, utilisez une gaze propre.

S'il est sévèrement brûlé conduisez-le à l'hôpital pour qu'il soit soigné immédiatement.

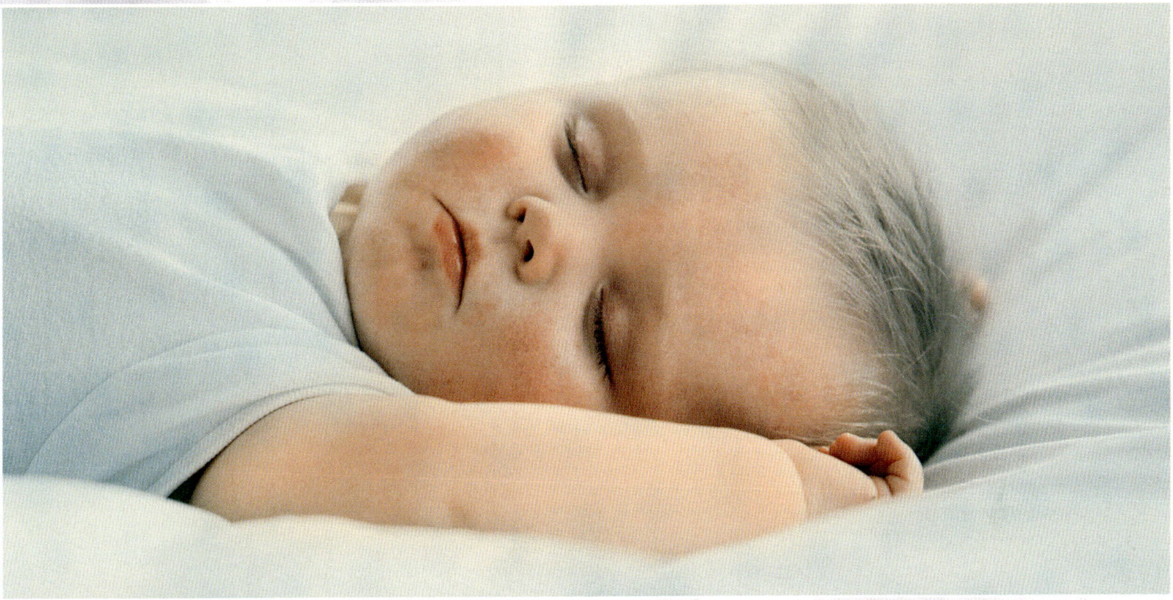

Les insomnies peuvent être provoquées par l'excitation, la douleur ou bien tout simplement par un nez bouché…

Les thérapies complémentaires qui peuvent aider

- **La phytothérapie :** consultation. Appliquez de l'Aloe vera ou une crème de consoude.
- **L'homéopathie :** consultation. Utilisez une crème contenant *Hypericum et Urtica.*

Morsures et piqûres d'insecte

Votre enfant peut souffrir beaucoup s'il est piqué par une abeille ou une guêpe. Les morsures d'insecte peuvent être particulièrement irritantes.

Ce que vous pouvez faire

Si vous pouvez apercevoir le dard, essayez de le retirer avec une pince à épiler. N'essayez pas de le presser pour le faire sortir puisque cela peut répandre plus profondément le venin dans la peau. Des piqûres d'abeille peuvent être neutralisées grâce au jus de citron ou au vinaigre. Si votre enfant a été piqué à l'intérieur de la bouche cela peut susciter des problèmes respiratoires. Dans ces cas-là, une attention médicale immédiate est nécessaire.

Les médecines complémentaires qui peuvent aider

- **La phytothérapie :** consultation. Lilas écrasé, noix ou feuilles de sureau.
- **L'homéopathie :** consultation. *Arnica* pour les chocs, *Apis* pour les piqûres d'abeille et de guêpe ou n'importe quelle morsure rouge, gonflée et enflammée. *Hypericum* s'il y a une infection ou une zone sensible. *Ledum* pour les morsures qui finissent par se décolorer. *Urtica urens* pour les éruptions rouges et irritantes qui provoquent des boursouflures.

index

remerciements

Direction éditoriale Jane McIntosh
Editeur Kate Tucket
Directeur artistique Karen Sawyer
Maquette Janis Utton
Photographe Russell Sadur
Styliste Liz Hippisley
Contrôleur éditorial Manjit Sihra
Recherche iconographique Jennifer Veall

Photographies

Corbis UK Ltd/Owen Franken 15 top right/Rob Lewine 16 centre left
Vision digitale/8-9, 10-11, 12-13, 14-15, 18-19, 19 top, 20-21, 22-23, 28-29, 30-31, 32-33, 34-35, 36-37, 40-41, 46-47, 48-49, 50-51, 52-53, 54-55, 60-61, 62-63, 64-65, 70-71, 74-75, 76-77, 80-81, 82-83, 84-85, 104-105, 106 background, 110-111, 112-113, 114-115, 116-117, 118-119, 122, 125
Getty Images/David Atkinson 33
Octopus Publishing Group Limited/Colin Bowling 69 top left/Gareth Sambidge 118 centre left/Richard Truscott 66-67, 81 top left/Ian Wallace 51 top left, 72-73
Homebase 50 centre left